コアで攻略する

CORE

英単語の教科書

慶應義塾大学名誉教授
田中茂範
監・著

中村俊佑
関谷由香理

The Visual Guide to the English Language
for Learners of English

Gakken

C O N T E N T S

PART 1 ＞ 基本動詞のコア

PART 2 ＞ 似ている動詞のコア

PART 3 　前置詞のコア

PART 4 　句動詞のコア

PROLOGUE
はじめに

まの自分の英語のスキルにおいて何が不足していると思うかを問うと、多くの人は「単語の数」を挙げます。たしかに単語の数を増やすことは大切です。しかし、もっと重要なのは、「基本語力」を鍛えることです。

　基本語力とは、中学レベルの単語を「使い分けつつ、使いきる力」のことです。大学生などを対象に、speak と talk の違いを問うと、両者の使い分けが不十分であることがわかります。また、break や put といった基本的な動詞の使いきりにおいても難があります。「封筒に84円切手を貼る」は put an 84 yen stamp on the envelope、「左目に目薬を差す」は put some eye drops in one's left eye と put を使いますが、これらの状況で put が使えないというのが実情です。

　辞書を見ると、基本語には多くの用法があります。そして、私たちは、それぞれの用法を日本語に訳し、それがその語の意味だと思いがちです。すると、put には「（切手を）貼る」とか「（目薬を）差す」などの「意味」があるということになります。本書では、「形が同じなら共通の本質的な意味がある」という原理を採用します。この「本質的な意味」のことを「コア」と呼びます。上の「貼る」や「差

す」は put の本来の意味ではなく、put が使われる状況を日本語で表現したものです（put のコアは本書内で説明しています）。

　この『英単語の教科書』は、『英文法の教科書』同様、『英語イメージ大図鑑』の姉妹書という位置づけです。本書には、基本語の世界を探索しながら、それぞれを使いきり、似た動詞を使い分けることができるようにしようという企図があります。表現された状況をイメージしながら、音読するとより効果的です。そして状況が異なっても共通のコアが働いているということを実感するようにしてください。

　最後に、『コアで攻略する　英単語の教科書』というユニークな企画を立て、本書の形に仕上げてくれたのは、学研編集長の髙橋龍之助さんです。ここに感謝の意を表します。

著者　田中茂範

本書は 2019 年に刊行された『イメージでわかる表現英単語』の内容を再編集し、デザインやレイアウトをリニューアルしたものです。本書がみなさまの英語学習の一助となれば幸いです。

本書の基本コンセプト

　本書で紹介する語や文法の『**コア（本質）**』を理解することで、イキイキとした英語が使えるようになります。本書では、コアを直感的にイメージできるビジュアルで解説しています。

　動詞と前置詞や副詞（**空間詞**）の「コア」をマスターすれば、それらの組み合わせによって構成される「**句動詞**」も使いこなせるようになり、英語表現の幅もぐんと広がります。

bring up が「何かを手にして上に移動させる」というコアから「育てる」という意味に展開するように、動詞と空間詞のコアさえわかれば、句動詞を覚える負担がぐっと軽減できます。

PART

1

基本動詞
の
コア

基本動詞のなかでもとりわけ重要な7つの動詞を紹介します。ここであげる動詞は日常会話のみならず、さまざまな場面で使われます。文法や構文などを理解するためにも必須の動詞です。

be を攻略する

「です・ます」だけが be じゃない

「**be**」って何でしょうか？　今さらそんな質問をしたら、怒られてしまうかもしれませんね。is, am, are, was, were と活用する「**be 動詞**」のことです。英語を学ぶときに、はじめに出てくる動詞ですが、みなさんは be 動詞の意味を何と習いましたか？　まずは、従来の学習法を確認してみましょう。

―――――――――――〈 **TRADITIONAL WAY** 〉―――――――

be 動詞には主に 2 つの意味がある。
1 「〜です・ます」（状態）
2 「〜がある・いる」（存在）

"I'm happy." だと、「私は幸せです」となりますが、"I'm in the classroom." だと、「私は教室にいます」という意味になりますね。そもそも、「**状態**」と「**存在**」という 2 つの意味が存在するのはなぜなのか。そんな疑問から、be 動詞について考えてみましょう。

　オーストラリアのとある高校を訪問したときに、次のような掲示がありました。

❶ Be proud of your school and work.
（自分の学校と学んでいることに誇りをもちなさい。）
❷ Be kind.（優しくなりなさい。）
❸ Be ready to work.（進んで学習に取り組みなさい。）
❹ Be responsible.（責任をもちなさい。）

proud, kind, ready, responsible という形容詞だけでは表しきれない意味が、この掲示の文の be には込められているのがわかりますか。

　本書では、英文に込められた意味を深く理解するために「**コア学習**」というアプローチを用いて、納得感のある説明を試みます。さて、さっそく be という**語の本質的な意味（コア）**の説明に入っていきましょう。

　be の **CORE** は「**何か（A）がどこか（B）にある・いる**」ということです。

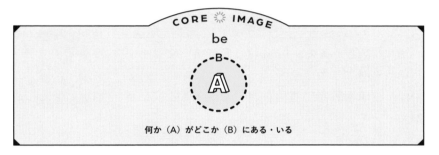

CORE ※ IMAGE

be

何か（A）がどこか（B）にある・いる

　"I'm in the classroom." であれば、「私（A）が教室（B）にいる」ということです。では、「すぐ戻るよ」と相手に言うとき、動詞は何を使うでしょうか。come や go を連想する人が多いと思いますが、実は英語では be が一番自然なのです。

I'll be back in a minute.
（すぐ戻るよ。）

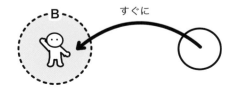

すぐに

　この場合の be は、「私（A）が戻った状況（B）にいる」ことを先取りした表現です。

では、「私は1回、ケニアに行ったことがある」と言うとき、英語で何と表現するのが適切でしょうか。

I have been to Kenya once.

「**私（A）がケニア（B）にいた**」という状況を今抱えている（have）という表現ですね。この表現は**現在完了形**の「**経験**」の用法ですが、have については **2** でくわしく見ていきます (➡ p.015)。

Bが明示されない場合もあります。この場合、「何かがある・いる」という「存在」の意味が際立ってきます。哲学者のデカルトは「我思うゆえに我あり」と唱えました。この命題は "I think, therefore I am." と訳されます。I am は「私です」ではなく、「私が存在する」という意味ですね。

Bが明示されない慣用表現（イディオム）には、次のようなものがあります。

❶ He is not what he used to be.
（彼は昔の彼ではありません。）

❷ Please leave it as it is.
（そのままで結構です。）

❸ He is, as it were, a walking dictionary.
（彼はいわば、生き字引だ。）

❹ If it were not for you, I couldn't live.
（もし君がいなければ、生きていけない。）

これらの慣用表現にも be の持ち味である **CORE** ☀ が生きています。**❶**は what he used to be（昔の彼の存在）と He is（今の彼の存在）を比較して、「彼は変わってしまった」ということを語るときの表現です。**❷**の leave it as it is はよく使われる表現ですが、「それが今（そこに）ある（it is）ように」ということから「そのまま」という意味合いになります。**❸**の as it were は断定を避ける婉曲的な言い方です

が、「そうした状況（it）が存在するか（were）のように（as）」という意味合いです。❹の仮定法構文の If it were not for... も「ある状況（it）において…が存在しない（were not）ことがあれば」ということですね。

このように、be の **CORE ☀** は「**何か（A）がどこか（B）にある・いる**」という「**存在**」のニュアンスが基本であることを頭に入れておきましょう。

では、続いて質問です。「be 動詞」ってどんなときに使うでしょうか。いくつか文を思い浮かべてみてください。

❶ I'm an English teacher.
❷ I'm tired.
❸ She is dancing now.
❹ The restaurant was closed when I went there.
❺ They are to visit Europe next month.

これらのような類の文が思い浮かびましたか。上記はどれも、中学あるいは高校の英文法の授業で習ったことのある英文のはずです。

❶は「私は英語の先生です」、❷は「私は疲れています」のように、「です・ます」で訳されます。すると、これまで見てきたような「存在」のニュアンスでは解釈できないじゃないかと思う人もいるでしょう。では、どう考えたらよいでしょうか。

それでは、もう一度、be の **CORE ☀** を思い出してみましょう。「**何か（A）がどこか（B）にある・いる**」というコアの（B）には、実は「場所」だけではなく、「**状態**」を置くことができるのです。（B）に「状態」が置かれたときは、「**何か（A）が（B）の状態である**」という意味合いになります。

つまり、❶の "I'm an English teacher." は「私（A）が英語の先生（B）の状態である」と考えればよいのです。同じく❷の "I'm tired." も、「私（I）が疲れている（tired）状態である」と考えればよいです。

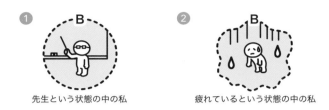

先生という状態の中の私　　　　　疲れているという状態の中の私

　また、be はさまざまな文法事項において、とてもよく登場します。❸〜❺の表現を例に、多くの参考書で書かれている公式を確認してみます。

⟨ TRADITIONAL WAY ⟩

○ **進行形の公式**
　be 動詞 ＋ 〜ing（「〜している」という意味）
○ **受動態の公式**
　be 動詞 ＋ 〜ed（「〜される」という意味）
○ **be to do の公式**
　be 動詞 ＋ to 不定詞（予定・可能・義務・意志・運命の意味）

　これまでの学習法では、こうした公式に当てはめて文を作ることが多かったように思います。ですが、なぜここで be が使われているのか、そのことに目を向けると、「なるほど、そうか」という気づきが得られるはずです。
　❷の "I'm tired." は「私が疲れている状態にある」ということを示していました。では、❸〜❺の例はどうでしょうか。これらも、次のように同じように考えてしまえばよいのです。

② I	**am**	tired.
私は	状態にある	疲れている
③ She	**is**	dancing.
彼女は	状態にある	踊っている
④ The restaurant	**was**	closed.
そのレストランは	状態にあった	閉められた
⑤ They	**are**	to visit Europe.
彼らは	状態にある	ヨーロッパを訪れる

③の dancing だけでは「踊っている」ということしか表せませんが、be 動詞をつけることによって、「**今踊っている状態にある**」という**現在の状態**を示すことができます。④も同様に、closed だけでは「閉められた」ということを表すのみですが、was をつけることにより、「**閉められた状態にあった**」という**過去の状態**を示すことができます。⑤の例文は、「be 動詞＋ to ＋動詞の原形」で「**be to 不定詞**」と呼ばれ、**予定・可能・義務・意志・運命**などの用法を暗記するように教えられることが多い表現です。しかし、これも「**何かをこれからする（to do）状態にある（be）**」と解釈すれば、「〜することになっている」といった意味で捉えることができます。

be to do の be を have に変えれば、**have to do** で「**〜しなければならない**」という義務的な意味になりますが、be の場合は、あくまでも「状態」を示すだけなので、「**〜することになっている**」程度の意味合いになります。have to については、2 でくわしく触れます。
（ ➡ p.018）

最後に、映画のワンシーンに出てきそうな台詞を紹介して締めくくりましょう。

I can't be without you.
（君なしでは生きられない。）

"I love you." では伝えきれない究極の愛の言葉です。「あなたなしでは自分が存在できない」ということを、be で表現しています。

be

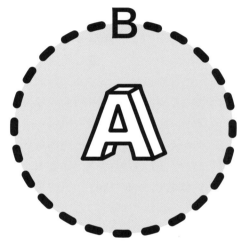

何か（A）がどこか（B）にある・いる

❶ be の **CORE** である「**何か（A）がどこか（B）にある**」を意識する。

➡ 「がある（存在）」から「である（状態）」へと意味が展開する。

❷ be 動詞を用いた構文（進行形・受動態・be to 不定詞）も「〜の状態にある」と考え、be 動詞は文を作り、時間を示すはたらきもする。

have を攻略する

"I have lived in Tokyo." で "have" を使うワケ

はじめにクイズです。次のような疑問を抱いたことはないでしょうか?

中学1年生で "I have a pen." 「ペンを持っている」と習うのに、中学3年生になると、今度は "I have lived in Tokyo for ten years." 「10年間東京に住んでいる」と習う。なぜ、この2つの文に同じ have が使われているのでしょうか?　　➡ 答え p.019

中学3年生で学習する「**現在完了**」という文法事項。中学1年生で「持つ」と習ったはずの **have** が、一見まったく異なる意味で出てくるので、ビックリする人も少なくないはずです。中学校で習う「現在完了」で強調されるのは、一般に次のような「公式」ではないでしょうか。

〉─── TRADITIONAL WAY ───〈

現在完了は〈have［has］+過去分詞〉の形で表す。過去の時点から今までの幅を表す。「完了」「結果」「継続」「経験」の4種類の意味がある。

have が使われる理由もわからず、くわえて4種類も意味があるってなるとややこしいなあという印象を持った人も多いのではないでしょうか。さらに、高校に入ると次のような have の用例に出くわします。

I will have him do it.
（彼にそうさせます。）

　こうなると、have に「持つ」という日本語を当てるだけでは、まったく対応できなくなってしまいますね。そもそも、「**have ＝ 持つ**」という理解の仕方が違うのではないか？　そのような疑いの念を抱いてしまいそうです。——実はその疑問、ごもっともなのです。have の世界は「持つ」だけでは、語りきれません。

　すでに触れたように、さまざまな英文に have は登場します。have がわかれば、英語の世界がわかるといっても過言ではないほどです。英文法が苦手な人も、have のイメージを知ることで、「なるほど、そうか！」と点が線になるような驚きと感動体験ができるはずです。

■have は「手に持つ」ではない

　中学校のはじめに習う "I have a pen." の意味は「私はペンを持っている」ですよね。では、次の例文はどんな意味か想像してみてください。

❶ I have two sisters.
❷ I have an idea.
❸ He has blue eyes.
❹ I always have a good time with him.
❺ She has a bath every morning.
❻ We always have lunch together.

　ここに挙げた have は、「手に持つ」という意味では捉えきれないものばかりです。姉妹2人を「手に持つ」ことはできないし、青い目を「手に持つ」ことは不可能ですね。

　ここで、have は直接「手に持つ」ではないことを確認しておくために、次の CORE ※ をみてください。

have の **CORE** ✺ は「**自分の領域に持っている**」です。

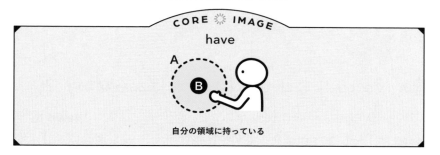

「A のテリトリーの中に B がある」という状況を示しています。

これだけではまだしっくりこないという人もいるでしょう。では、先ほどの例文をさらにみていきましょう。

まず、❶の "I have two sisters." は「自分のテリトリーに姉妹が 2 人（いる）」ということですから、「私には姉妹が 2 人いる」ということですね。❷は「自分のテリトリーにアイディア（がある）」ということ。つまり、「いいアイディアがある」ということですね。❸は「彼のテリトリーに青い目（がある）」、すなわち、「彼は青い目をしている」ということです。❹も「時間」は手に持てないので、「自分のテリトリーの中でいい時間を過ごす（経験する）」ということですね。❺も「風呂」はさすがに手に持てないので、「自分のテリトリーの中で風呂」の経験をするということです。最後に、❻の have lunch も、昼食を手に持って終わってしまうのではなく、「自分のテリトリーの中で昼食」の経験をするということです。have にすることで、eat にするよりも、「自分のテリトリーの中で、おしゃべりしたりしながら、食事という行為を行う」ことがイメージされます。

これらの例からもわかるように、have は具体的なモノを手にするだけでなく、自分のテリトリーの中で行われる行為を「**経験**」するときにも使われるのです。

■have to はなぜ「〜しなければならない」？

　つづいて、have to についてみていくことにします。**have to ＝ must ＝「〜しなければならない」**とだけ覚えている人はいませんか。その時点で、英語学習が丸暗記の作業となってしまっている可能性があります。

　have to は 2 語ですから、have と to のそれぞれの語のコアを意識して理解することが重要です。

　では、have to の CORE をみていきましょう。

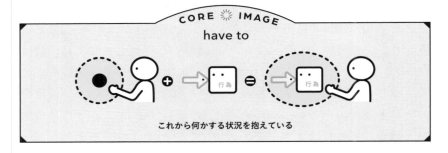

CORE IMAGE
have to
これから何かする状況を抱えている

　have の CORE は「**自分の領域に持っている**」ということでしたね。to の CORE は「**これからの行為と向き合う**」ということです。つまり、**have to** の CORE は「**これから何かする状況を抱えている**」となります。ここから「〜しなければならない」という意味合いになります。

　さて、ここで次のクイズに挑戦してみてください。

次の状況では、must と have to のどちらが適切でしょうか？

状況：**明日までのレポートを終えないといけないのはわかっている
けど、友だちとカラオケに行ってしまおう！**

I (must / have to) finish the report now, but I'll go to karaoke
instead!

　いかがでしょうか。ここでは must とのコアの違いを意識することが大切です。must の **CORE** は「**（何か力がはたらいていて）それ以外選択肢がないと思う**」です。つまり、must を使った場合、「カラオケに行く」という選択肢はないのです。一方で、have to は「すべきことを抱えている」という感じで、「わかってはいるけど、ほかの選択肢も…」という可能性があります。よって、Ⓠ の答えは、**have to** です。

PART
1

■ 現在完了で have を使うのはなぜ？

　それでは、②の冒頭の Ⓠ を解説しましょう。

**中学1年生で "I have a pen." 「ペンを持っている」と習うのに、
中学3年生になると、今度は "I have lived in Tokyo for ten
years." 「10年間東京に住んでいる」と習う。なぜ、この2つの文
に同じ have が使われているのでしょうか？**

ここまで読んだ人であれば、今度はピンとくるのではないでしょうか。

　p.016 の例文 ❹ の "I always have a good time with him." はどういう意味だったか覚えていますか。「楽しい時間を持っている」ではなくて、「楽しい時間を過ごす」という**経験**としての意味合いでした。ⓐの解答例は、「**have には、手に持てるような所有の意味だけでなく、自分のテリトリー内での経験といった意味合いがあるから**」です。

　では、改めてⓐの文をみていきましょう。

I have lived in Tokyo for ten years.

　まず、lived in Tokyo の lived は過去分詞で、「住んでいた」という「何かがなされた状態」を示します。ここでの have も**所有**では意味が通じないので、**経験**と考えましょう。つまり、「東京に住んでいた状態（lived in Tokyo）」を「経験として今、持っている」ということになります。

I have
経験として持っている

+

lived in Tokyo
東京に住んでいた状態

　「経験として持っている」ことから、ポイントは「今の状態」にあり、「今も住んでいる」ということがわかります。

■「〜させる」という意味合いを持つ have

　ホテルにお客様が到着したとき、支配人が「従業員に荷物を運ばせます」と言うとしましょう。このとき、このように言います。

I'll <u>have</u> the staff carry your baggage.

　そう、ここでも have が用いられています。ここで have が使われる理由は何でしょうか。次のように、分析してみましょう。

I'll have [<u>the staff</u> <u>carry</u> your baggage].

☀ **私は抱えています　従業員が荷物を運ぶという状況を**
（従業員に荷物を運ばせます。）

　この場合も私（＝支配人）は、従業員を手に持っているわけではありませんね。「have の後ろの状況［従業員が荷物を運ぶという状況］を私が抱えている」ということを表しています。ここから、「**〜させる**」といった意味合いが生じるのです。

have

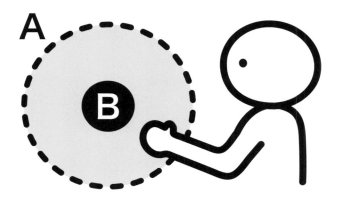

自分の領域に持っている

have の **CORE** ※「**自分の領域に持っている**」を意識する。「持つ」のは「**所有**」と「**経験**」がある。

❶「所有」は「手に持てるもの」だけでなく、頭痛・悩み・考え・行為などの「形のないもの」も含まれる。

❷「経験」を応用すると、have to do（「これから〜することを抱えている」➡「〜しなければならない」）・have A do（「Aが〜する状況を抱えている」➡「〜させる」）・have done（「なされた状態を抱えている」➡「今〜したところだ」）といった have を用いた文法事項につながる。

do を攻略する

動詞界の代表選手

英語には **be 動詞**と**一般動詞**という、大きく分けて 2 つのタイプの動詞があり、その一般動詞のリーダーはやはり、**do** でしょう。一般動詞の疑問文・否定文を習うときに出てくるのが do ですよね。

では、ここでクイズです。

一般動詞の疑問文・否定文は、次のように作ります。

疑問文：Do / Does ＋主語＋一般動詞〜?
否定文：主語＋ don't / doesn't ＋一般動詞〜.

では、なぜ do が用いられるのでしょうか？　　　➡ 答え p.028

これまで何の疑問も持つことなく、do を用いていろいろな表現をしてきたと思いますが、意外に do の本質を理解するのは難しいように思います。

do の意味は何かと聞かれたら、多くの人が「する」と答えるでしょう。ですが、「テニスをする」「努力する」「柔道をする」「ジョギングをする」は do では表現できません。では、do とはどんな場合に使うのでしょうか。コアからみていきましょう。

do の **CORE** は、「A に対して何かをする」です。

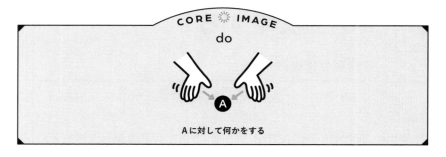

CORE IMAGE
do

Aに対して何かをする

　「そんなことはわかっているよ！」と言われてしまうかもしれませんね。でも実は、このコアには、深い意味があるのです。

■ 行為をする do

　「宿題をする」は、do one's homework と言います。ほかにも "Do as I told you."（私が言ったとおりにやりなさい）や "Do your best!"（ベストを尽くしなさい）、do exercise（運動をする）のような例が、**行為**を示す do の使い方です。ただし、「間違いをする」とか「努力する」は make a mistake, make an effort のように、make を使います。mistake や effort は「行為をする対象」ではなく、「行為の結果の産物」なので、do ではなく、make を使うのです。つまり、「Do + X」の X は「何かの行為をする対象」を示すと考えてください。

■ do は動詞の代表選手

　たとえば、「何をしているの？」と相手にたずねる場合、何と質問するでしょうか。

What are you doing?

というように、do を用いて聞きますよね。では、これに答えるとき

はどんな答えが予想されるでしょうか。

I'm <u>playing</u> a game. / I'm <u>talking</u> with my friends. /
I'm <u>eating</u> lunch. / I'm <u>studying</u> English. / I'm <u>watching</u> TV. /
I'm <u>reading</u> a book.

　これ以外にも、いろいろな動詞を使って答えることが可能です。では、なぜ do を使って質問できたのでしょうか。それは、do は play, talk, eat, study, watch, read などのように**特定の意味を喚起しない、いわば、いろいろな動詞の代わりをする機能がある**からです。このことは、do が同一の動詞のくり返しを避けるために、既出の動詞の代わりに用いられる用法（**代動詞**）があることからも、納得がいきます。

Mike |earns| more than his father |does|.
（マイクは、父〈が 稼ぐ 〉よりもお金を 稼ぐ 。）

PART
1

　ここで、一般動詞の疑問文の答え方を思い起こしてみましょう。

Ⓐ：Do you have breakfast every morning?
Ⓑ：Yes, I <u>do</u>.

　答えの do は、have の代わりをしています。疑問文の答え方は、「Yes, 主語 + do / does / did」「No, 主語 + don't / doesn't / didn't」と覚えたと思いますが、ここで do を用いているのも、あらゆる動詞の代わりをすることができるからです。
　さて、"She did the dishes." はどんな意味になるでしょうか。do は特定の意味を喚起しないので、「何をするか」は常識と状況によって判断されます。たとえば、次のような意味の可能性があります。

　彼女は皿を［洗う、拭く、片付ける、整える…］。

wash the dishes にすると、「皿を洗う」と意味が一義的に決まります。しかし、do the dishes にすることで、意味の可能性が広がり、「皿を洗って、拭いて、片付ける」という皿に関わる一連の行為も含意されます。このように、do の意味には**あいまい性がある**といえます。

do the dishes

皿を洗う　　　　　　皿を拭く　　　　　　片付ける

　また、「お願いがあるのですが…」と言うときの決まり文句として **"Would you do me a favor?"** という表現があります。「私に（me）親切な行為（favor）をする（do）」ということを依頼する（Would you …?）文なのですが、これも、その行為の内容にはいろいろな可能性があることから、do を用いているのです。

　これと似た表現に、**"This medicine will do you good."**（この薬を飲めばよくなるよ）という表現があります。これも同じ考え方です。薬を飲むことによって生じるよい効果はさまざまあり得ますよね（腹痛が治る・声が出る・鼻水が止まる・熱が下がる…など）。それを do で示しているのです。

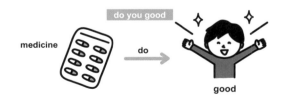

do you good

medicine　　→　do　→　good

　「～しさえすればよい」という慣用表現の **All you have to do is…** という表現についても考えてみましょう。… の部分には、動詞の原形を置くことができますが、ここにはどんな動詞がきてもよいわけで、その意味で All you have to do の "do" の部分では、さまざまな動詞がくる可能性を先取りして示しているのです。

また、「何をするか」が明示されない do の用法として次のような表現があります。

Ⓐ：What would you like to drink?
（飲み物は何がいいですか。）

Ⓑ：Don't worry about it. Anything will do.
（気にしないで。何でもいいですよ。）

anything で「何でも」といった意味合いを表せますが、英文には、動詞が必須のため、特定の意味を喚起しない do が使われています。

では最後に、**do away with** という句動詞についてです。多くの参考書では、この意味を「**〜を廃止する**（= abolish）」と書かれていますが、実は、それだけではありません。

We all want to do away with nuclear weapons.
（私たちは核兵器を廃止することを望んでいる。）➡ throw away

Let's do away with the formalities.
（堅苦しいあいさつは抜きにしよう。）➡ dispense with

We have to do away with sexual discrimination.
（私たちは性差別をなくさなければならない。）➡ abolish

Karaoke is a good way to do away with stress.
（カラオケはストレス解消によい。）➡ get rid of

do away with の CORE は「**〜とともにある状態を離すようにする**」です。「廃止する」という意味に対応するのは abolish ですが、do を用いていることにより、このように実に多様な意味の広がりを生むのです。

▎すべての動詞の代わりができる

では、冒頭のクイズに戻りましょう。

一般動詞の疑問文・否定文は、次のように作ります。

疑問文：Do / Does ＋主語＋一般動詞〜?
否定文：主語＋ don't / doesn't ＋一般動詞〜.

では、なぜ do が用いられるのでしょうか?

　この Q の解答例は「すべての動詞の代わりをできるのは do だけだから」です。英語は do を用いることで、形のうえで「疑問文」「否定文」であるということを示すことができるのです。

do

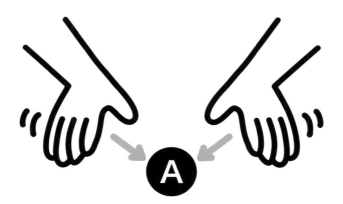

A に対して何かをする

do の CORE は「**A に対して何かをする**」で、特定の意味を喚起しない行為を示し、一般動詞の代表のような存在である。

❶ ほかの動詞の代わりをすることができる。

❷「何かをする」の意味はあいまいであり、状況から do の意味を推測する。

PART
1

4 | give を攻略する

「ギブ・アップ（降参）」の「ギブ」って何だ？

「give の意味は？」と聞かれたら、多くの人は「与える」「あげる」と答えるのではないでしょうか。

では、今回もまずクイズです。

何かをあきらめるときに、「ギブ・アップ（give up）」と言いますが、なぜ give up が「あきらめる」という意味になるのでしょうか？

→ 答え p.034

たとえば、"I'll give her a present." だったら、「私は彼女にプレゼントをあげるよ」で、典型的な **give** の例です。しかし、give up の場合だと、give ＝「与える・あげる」という理解では捉えきれませんね。

驚くかもしれませんが、そもそも、give に「与える・あげる」といった意味があるわけではありません。「えっ？」と思った人は、実際に次の例文をみてください。

❶ I gave blood for the first time yesterday.
（私は昨日、初めて献血した。）

❷ Cows give milk.
（牛は乳を出す。）

❸ The boy gave a cry of pain.
（男の子は痛みで叫んだ。）

❹ Don't give the child your cold.
（子どもに風邪をうつさないように。）

⑤ She gave an impressive speech yesterday.

（彼女は昨日、感動的なスピーチをした。）

⑥ Would you give me a hand?

（お手伝いをお願いできますか。）

⑦ Please give my best regards to your family.

（ご家族のみなさまによろしくお伝えください。）

　どれも、「与える・あげる」では解釈できないものばかりですね。それでは、これらの give に共通する意味は何でしょうか。

■「何かを出す」というイメージで give を捉える

give の **CORE** は「**自分のところから何かを出す**」です。

CORE ✴ IMAGE

give

A

B

自分のところから何かを出す

PART 1

　A give B であれば、「**A から B を出す**」というイメージです。このイメージでさきほど挙げた例をみていきましょう。

① I gave blood. ⬅ 自分が血を出す

② Cows give milk. ⬅ 牛が乳を出す

③ The boy gave a cry. ⬅ 男の子が叫び声を出す

④ ... give the ～ your cold. ⬅ （自分の）風邪（病原菌）を～に出す

⑤ ... gave an impressive speech. ⬅ スピーチ（の音声）を出す

⑥ ... give me a hand. ⬅ 手を差し出す（手助けする）

⑦ ... give my best regards to ～ ⬅ あいさつ（の言葉）を～に出す

どうですか。「何かを出す」というイメージで give を捉えなおすことで、今まで捉えようのなかった表現が理解できるようになったのではないでしょうか。

■ give の構文

give her a present（彼女にプレゼントをあげる）のように、give A B となった場合、「**A が B を持つ（経験する）状況を生み出す**」といった意味合いになります。"Give me a kiss." や "Give me a smile." は、洋楽の歌詞などでよく出てくる表現ですが、プレゼントのような物質的な「モノ」でなく、「キス」や「笑顔」のような手にとれないものでも、「その状況を生み出す」ということで give を使うことができるのですね。また、「出す」ものは必ずしもいいものばかりではなく、"He gave us a lot of trouble." であれば、「私たちが大変な苦労を経験する状況を彼が生み出した」ということで、「彼のせいで、私たちは大変苦労した」という意味合いになります。

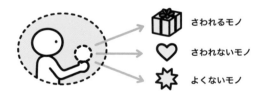

さわれるモノ
さわれないモノ
よくないモノ

■ 目的語がない give は oneself を補う

目的語がない give は特殊ですが、これは oneself を補って考えましょう。

Their enemies gave up at last.
（彼らの敵はついに降参した。）

これは "Their enemies gave (themselves) up at last." で、次のような「敵が自分を（相手側に）差し出した」というイメージです。

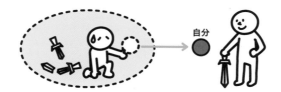

応用になりますが、"We must not give in to terrorists." はどんな意味になるでしょうか。これも oneself を補って … give ourselves in to terrorists と考えてください。そうすると、「自分たちを出して（give ourselves）、テロリストの領域の中に入りこむ（in to terrorists）」ということになります。そこから、「テロリストに降参する」という意味合いになるのです。

これが、"He gave in to temptation." になれば、どうなるでしょうか。「自分を出して、誘惑の中に入りこむ」は「誘惑に負けた」ということですね。

"The cold weather is beginning to give." は、どんな意味か想像できますか。「寒さそのものが寒い空間から出ていく」ことから、「寒さがゆるむ」という意味になります。

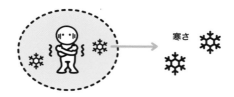

では、④の冒頭の⑥に戻りましょう。

何かをあきらめるときに、「ギブ・アップ（give up）」と言いますが、
なぜ give up が「あきらめる」という意味になるのでしょうか？

　わかりましたか。これはあきらめる対象（itself）を補って "I give
(itself) up." と考えましょう。

　Qの解答例は「"I give（itself）up." の itself が省略されている形
で、自分のところからそれを出して（give itself）、上に放り投げる
（up）というイメージだから」です。前置詞の up については、**PART 3**
でくわしくみていきます（→ p.254）。

give

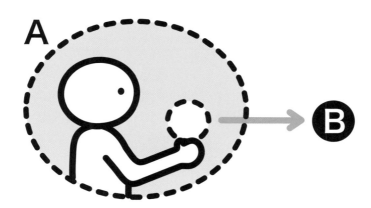

自分のところから何かを出す

give の **CORE** ☀ 「**自分のところから何かを出す**」を意識する。

❶ 「何かを出す」のは、具体的なモノだけでなく、物事・状況を出すこともある。

❷ give A B という構文の場合、「**A が B を持つ（経験する）状況を生み出す**」と理解する。

PART
1

5 | take を攻略する

アクティブに自ら選びとる

　take という単語は「持っテイク」みたいなダジャレで覚えた記憶のある人もいると思います。ところが、辞書で take を引いてみてください。たくさんの意味が羅列されています。世界最大級の英語辞書といわれる OED（*The Oxford English Dictionary*）にはなんと 72 の異なる語義が載っています。これでは、いくら記憶力のいい人でも覚えきれませんよね。

　果たして take に 72 もの語義があって、ネイティブスピーカーはそれを全部覚えているのでしょうか。当然のことながら、答えは **NO** です。take に意味がたくさんあるのではありません。take の本質的な意味である CORE ☀ は 1 つです。それが、どういう状況で使われるかで、語義が決定するということなのです。

■「何かをとりこむ」が take のコア

　「テイク・アウト（take out）」「ギブ＆テイク（give and take）」というような take の表現はよく耳にしますね。ここから、take のイメージを連想してみましょう。

　「テイク・アウト」は「飲食物を持って帰る」こと、「ギブ＆テイク」は、「自分が相手に与えたら、そのかわりに自分も相手から何かを得る」ことですね。イメージがついたでしょうか。

take の **CORE** ☀ は「**何かを自分のところにとりこむ**」です。

次の例文の意味を考えてみましょう。

He <u>took</u> some medicine.

「薬を飲んだ」と考えた人は多かったと思います。しかし、<u>take medicine</u> =「飲む」という理解は危険です。次の❶〜❸の場合はどうでしょうか。

❶ He <u>took some medicine</u> and gave it to his child.
❷ He <u>took some medicine</u> from the store without paying for it and got arrested.
❸ He <u>took some medicine</u> and felt well.

今度は後ろに、異なる状況が設定されています。❶は「薬を手にして、子どもに渡した」、❷は「薬を盗んで、逮捕された」、❸は「薬を飲んでよくなった」ということですね。

薬を手にとる　　　薬を盗む　　　薬を口に入れる

どれも、「**何かを自分のところにとりこむ**」というコアは変わりま

せんね。どのようにとりこむかによって、❶〜❸のように、意味合いが異なってくるということです。自分の手にとるのか、それとも体内にまでとりこんでしまうのか、それは与えられた状況が決めるのです。

では、ちょっぴり応用編です。次の英文の意味は何でしょうか。

He took a picture from the table and gave it to her.

もうわかりますね？　「写真をとる」ではないですよ。from the table と gave it to her という情報から考えて、「テーブルから写真を手にとって、彼女に渡した」ということです。「take a picture = 写真をとる」と条件反射的にとってしまうと、誤読してしまいますね。

▌赤ちゃんは take a bath できない？

では、ここでみなさんにクイズです。

次の英文には少し違和感があります。どの部分に、どのような違和感があるでしょうか？

My baby takes a bath every morning.
（赤ちゃんは毎朝、お風呂に入ります。）

「お風呂に入る」という意味の take a bath に、take が用いられている理由を考えてみましょう。take の **CORE** は「**何かを自分のところにとりこむ**」で、「**自ら〜する**」という**能動性**を感じる言葉です。また、日本人は bath のことを「湯が入っている浴槽」とイメージしてしまいますが、海外で入浴は、浴槽で体を洗う、あるいはシャワー

を浴びるのが基本ですから、bath は「浴槽」ではなく「湯で体を洗う行為」や「湯」のことをさします。take a bath は「湯を自分のところにとりこむ」というイメージです。

　もうおわかりですね？　Ⓠの解答例は「（赤ちゃんは1人ではお風呂に入れないから）take を使った能動的な表現に違和感を覚える」です。

　母親などが赤ちゃんをお風呂に入れる場合は "The mother gave her baby a bath." と言いますから、take では表せないことがわかります。

　ちなみに、have a bath は「湯を自分の領域に持っている」ということから、浴槽につかってゆったりしているイメージが思い浮かびますね。

take a bath

have a bath

■ 選択肢から自ら選びとるのが take

　「何かを自分のところにとりこむ」という take の **CORE** ☀ から、「自ら選びとる」といった能動性を感じる語であることがわかりましたね。take のもつ能動性のイメージを感じとりながら、次の例を声に出して読んでみましょう。

I take the train to school.
（私は電車を使って学校に行きます。）

When did you take the TOEIC test?
（いつ、TOEIC の試験を受けたの？）

I'll take a day off tomorrow.
（明日、1日休みをとる予定です。）

I'm trying to take your meaning but I don't understand.
（何とかして理解しようとしているのだが、わからない。）

The coat looks cool! I'll take it.
（そのコート、かっこいい。買います。）

I'll take it.

■ take を使ったイディオムをコアで理解する

take の **CORE** ※「**何かを自分のところにとりこむ**」は具体的なモノ
だけでなく、時間や役割・経験などの手にとれないものも、自分の
ところにとりこむことができます。ここでは take を使ったイディオ
ム（慣用表現）をみていきましょう。

❶ 時間をとりこむ　→　〜する

It's almost 3 p.m. Let's take a break.
※ **休みをとりこむ。**
（もう少しで3時だ。ちょっと休憩しましょう。）

Take your time.─You don't need to be in a rush.
※ **時間をとりこむ。**
（ゆっくりやりなさい。急ぐ必要はないから。）

Let's take a look at this website.
※ **少しみる時間をとりこむ。**
（ちょっとこのウェブサイトをみてみましょう。）

❷ （状況・考えをとりこんで）〜と捉える

Calm down. Take it easy.
※ **状況を気楽に捉える。**
（落ち着いて。気楽にやろう。）

We shouldn't take peace for granted.

☀ 平和という状況を当たり前と捉える。

（私たちは平和を当たり前のものと思ってはいけない。）

Please take her illness into consideration.

☀ 病気であるという状況を捉える。

（彼女が病気だということを考慮に入れてください。）

❸ （役割などを）引き受ける

Will you take part in the year-end party?

☀ 役割を引き受ける。

（忘年会に参加しますか。）

The Los Angeles Olympics will take place in 2028.

☀ 機会を引き受ける。

（ロサンゼルスオリンピックは 2028 年に行われます。）

I will take his place.

☀ 資格を引き受ける。

（私が彼の代理をします。）

We take turns looking after our grandmother.

☀ 順番を引き受ける。

（私たちは交代で祖母の面倒をみています。）

❹ （心配事・困難などを）引き受ける

Shun takes great pains in educating his students.

☀ 苦労を引き受ける。

（シュンは生徒の教育に非常に苦労している。）

Please do not take the trouble to meet me.

☀ 面倒なことを引き受ける。

（わざわざ会いに来なくて結構です。）

I asked my husband to take care of my daughter.

☀ 世話を引き受ける。

（私は、夫に娘の世話を頼んだ。）

take

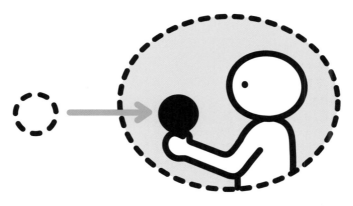

何かを自分のところにとりこむ

take の **CORE** ※「**何かを自分のところにとりこむ**」を意識する。

❶「手にとれるもの」だけでなく、時間・状況・経験など、「**手にとれないもの**」をとりこむことができる。

❷「**自ら選びとる**」というイメージで、**選択性**や**能動性**を感じとる。

get を攻略する

get の本質は「変化」にあり

get といえば、「ゲットする」という言葉をよく耳にするのではないでしょうか。get で「何かを得る」という意味だということは知っていますね。また、get を使った表現で get up を思い浮かべる人も多いでしょう。

では、ここでクイズです。

get a prize は「賞をとる」という意味ですが、get up が「起きる」という意味になるのは、なぜでしょうか？ ➡ 答え p.048

get a prize も get up もなじみ深い表現にもかかわらず、なぜ両者に get が使われているのか、当たり前すぎてじっくり考えたことはなかったのではないでしょうか。ではまずは、ほかの get の用例を確認してみましょう。

❶ I'll get home soon.
（すぐ家に帰るよ。）

❷ Goro got married last year.
（ゴロウは昨年、結婚した。）

❸ Sorry, I didn't get it.
（すみません、わかりません。）

❹ I'll get you some coffee.
（コーヒーを入れます。）

❺ Please don't get me wrong.
（どうか誤解しないでください。）

6 My mother got me to cook dinner.

（母は私に夕食を作らせた。）

7 The students must get the report finished by tomorrow.

（その生徒は、明日までにレポートを仕上げなければならない。）

8 The man got the machine running.

（その男性は機械を始動させた。）

　これらの例をみても、「何かをとる・得る」という意味のものは見当たりません。いろいろな意味を覚えなければならず、困ってしまいますね。従来の学習では、動詞の「文型」によって意味が決まるという考え方に基づいて、次のように教えられることが多かったようです。

────────〈 **TRADITIONAL WAY** 〉────────

get は、文型によって意味が決まる。
○ **第一文型（SV）の get** ：「〜に達する」
○ **第二文型（SVC）の get** ：「〜になる」
○ **第三文型（SVO）の get** ：「〜をとる」「〜を得る」
○ **第四文型（SVOO）の get** ：「〜に…を与える」
○ **第五文型（SVOC）の get** ：「〜を…にする」

────────────────────────────

　一見整理されているようにみえますが、なぜこの意味になるのか、なぜ get を使う必要があるのか、これをみただけではまったくわかりませんね。そこで、**CORE** ☀ の出番です。みなさんも、例文**1**〜**8**に共通する意味合いとは何かを考えてみてください。

get の **CORE** ☀ は「(have していない状態から) have している状態に変化する」です。

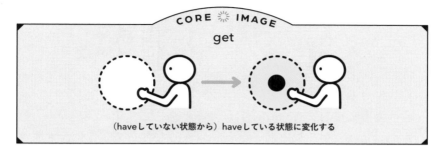

CORE ☀ IMAGE
get

(have していない状態から) have している状態に変化する

get a prize「賞をとる」は、「賞を持っていなかった状態」から「賞を持っている状態」へ変化しているわけです。つまり、get のポイントは**変化**にあります。

▎get の後ろに要素が 1 つの場合

PART 1

「変化」を示すために、構文的にも多様な使い方ができるのが get の特徴です。まずは、**get の後ろに要素が 1 つの場合**、すなわち get ＋ α の例からみていきましょう。

次の❶〜❸では get の **CORE** ☀ がどう活かされているでしょうか。

❶　I'll <u>get</u> home soon.

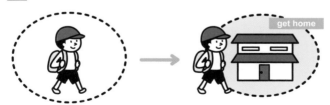

get home

get の後ろに副詞（home）がきている例ですが、「家にまだ帰っていない状態」から「家に帰る状態」に「変化」することがわかります。

② Goro got married last year.

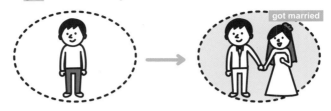

②は後ろに形容詞（married）がくるパターンです。get angry（怒る）、get well（よくなる）、get cold（寒くなる）のように、さまざまな形容詞をもってくることができますが、これもポイントは**変化**です。"Goro is married." であれば、「結婚している状態」ですが、got married にすることで、「結婚していなかった状態」から「結婚した状態」に「変化」したことが読みとれます。類例として、「～するのに慣れている」という意味の be used to という構文がありますが、これも be を get に変えて get used to とすることができます。

It's hard at first, but you'll get used to it soon.
（最初は大変かもしれないけど、すぐに慣れるよ。）

「大変な状態」から「慣れて少し楽になる状態」に「変化」するという get の CORE が十分に活かされた表現と言えますね。

③ Sorry, I didn't get it.

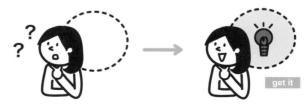

③は、get ＋名詞の使い方です。it は相手が言っている内容をさします。直訳すると「それを得る」ということですが、それでは意味がわかりませんね。そこで、コアを利用して考えてみましょう。相

手が言っている内容を「得ていない状態」から「得る状態」への「変化」をイメージすると、「理解する」という意味合いになることがわかります。I got it! といえば、「わかった！」という意味ですね。

get の後ろに要素が 2 つの場合

次に **get の後ろに要素が 2 つの場合**をみていきましょう。

get の後ろに名詞が 2 つ並んでいる場合、その名詞と名詞の関係に注目してみましょう。

④ I'll get you some coffee.

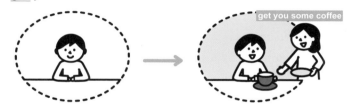

get you some coffee

④は、「何もない状態」から「あなたがコーヒーを手にする状態」に「変化」するということですね。"What can I get you?"（何かお持ちしましょうか）は店でよく聞かれますが、これも get の CORE ◆ が活かされた表現と言えますね。

⑤ Please don't get me wrong.

⑤は、「私を悪く捉えない状態」から「私を悪く捉える状態」へ「変化」するということで、「誤解する」といった意味合いが生まれます。

⑥　My mother got me to cook dinner.

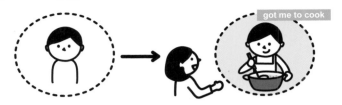

got me to cook

　⑥は、⑤と同様に考えてください。**get ＋ A（名詞）＋ to do** という構文で、to do を用いていることから、「**これから〜する状態に変化させる**」という意味合いです。「料理をしない状態」から「料理する状態」へと A（私）が行動するように変化を促す構文です。

⑦　The students must get the report finished by tomorrow.
⑧　The man got the machine running.

　⑦と⑧も考え方は同じです。過去分詞 finished がくるか、現在分詞 running がくるかは、get A の A が「される」のか「する」のかということによります。⑦は「レポートが終えられない状態」から「レポートが終えられる状態」への「変化」です。⑧も、「機械が作動していない状態」から「作動する」状態への「変化」ですね。

　さて、ここまでわかったら、冒頭の Ⓠ に戻りましょう。

get a prize は「〜をとる」という意味ですが、get up が「起きる」という意味になるのはなぜでしょうか?

　get up に「起きる」という意味があるわけではありませんね。Ⓠ の答えは「寝ている状態から、体を起こす（up）状態への変化を get で示しているから」です。

get

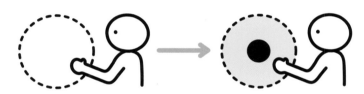

（haveしていない状態から）haveしている状態に変化する

PART
1

get の CORE ☀ の「（have していない状態から）have している状態に変化する」を意識する。「**変化**」がポイント。

❶「持っていない状態」から「持っている状態」への「変化」。

❷「〜でない状態」から「〜である状態」への「変化」。

make を攻略する

"I'll make you happy." が告白の言葉になるワケ

make という言葉の意味を問われたら、即座に「作る」と大半のみなさんが答えるでしょう。

では、次のクイズに答えてみてください。

考えてみよう!

子どもが学校に行く前に、家の人が次のように言いました。どういう意味でしょうか？　　　　→ 答え p.052

Don't forget to make your bed before you go out!

いくら何でも、学校に行く前の数分で、ベッドを作ることなんかできませんよね。実は、「make ＝作る」と覚えていたことが、答えに迷ってしまう原因です。それでは、make の **CORE** ☀ から確認していきましょう。

■ make は「何かに手を加えて変化させる」

make の **CORE** ☀ は「**手を加えて何かを作る**」です。

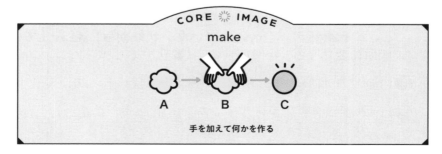

CORE ☀ IMAGE

make

A　　B　　C

手を加えて何かを作る

「おにぎりを作る」は make rice balls と言います。おにぎりを作るには、炊いた米や具材といった素材（A）があって、それに手を加えて握り（B）、おにぎりができる（C）という**一連のプロセス**がありますね。おにぎりの場合、作られる元の素材はわかりきっているため、あえて言語化していませんが、次の例のように、素材を示す場合もあります。

The students <u>made</u> milk <u>into</u> butter.

The students <u>made</u> butter <u>from</u> [<u>out of</u>] milk.

milk　　　　　手を加える　　　　　butter

　「生徒は牛乳からバターを作った」という意味ですが、素材が牛乳（A）であり、それに手を加えて（B）、バターを作る（C）ということです。もちろん、"The students made butter." でもいいわけですが、「素材」を示したいときにこのような表現が可能となるわけです。
　be made into や be made from という表現は、この例文を**受動態**にした形ですね。

■「する」と訳せる make

　「する」といったら、do my homework（宿題をする）、do research（研究する）、do exercise（運動する）のように、do を使います。しかし、<u>make</u> a mistake（間違える）、<u>make</u> a speech（スピーチする）、<u>make</u> an effort（努力する）のように、do ではなく、make を使うときもあります。ちょっと混乱しますよね。do、make に日本語の「する」を当てはめてしまうと、区別することができません。では、ど

のような違いがあるのでしょうか。

do の **CORE** ☀ は、「**A に対して何かをする**」です（→ p.024）。つまり、do ＋ X は基本的に「行為」になるということです。「宿題をする」も「研究する」も「運動する」も行為ですよね。

一方で、make の **CORE** ☀ は「**手を加えて何かを作る**」ということで、make ＋ X（名詞）の場合、X には「**（手を加えた結果）作られたもの**」がきます。

make ＋ X には、次の 2 つのパターンがあると考えられます。

1 ： X という行為のために、交渉・準備等のプロセスがイメージされるもの

make a promise（約束する）、make a speech（スピーチする）、make a decision（決定する）、make a call（電話をする）、make a proposal（提案する）、 make a copy（コピーする）、 make a guess（推測する）、 make a judgement（判断する）、 make inquiries（質問する）

2 ： あるプロセスを経て、X という産物が生まれたもの

make a mistake（間違える）、make an effort（努力する）、make an advance（前進する）、make a comment（コメントする）、make a contribution（貢献する）、make a discovery（発見する）、make an excuse（言い訳をする）

では、冒頭の に戻りましょう。

子どもが学校に行く前に、家の人が次のように言いました。どういう意味でしょうか？

Don't forget to make your bed before you go out!

make one's bed は、bed を「作られたもの」として考えると、「ベッドという製品を作った」ということになります。ですが、外出前の言葉としては変ですね。ここでは、「ぐちゃぐちゃなベッドの状態」からあるプロセスを経て、「（寝るために整えられた）ベッドの状態」を作り出すと考えてください。ですから、⑫の答えは「**出かける前に、ベッドを整えるのを忘れてはいけませんよ！**」です。

| ぐちゃぐちゃなベッド | 手を加える | 整っているベッド |

▌なかなか使えない "make it"

do と make の違いがわかったところで、少し応用です。次の例文の "make it" に共通する意味合いを考えてみてください。

❶ I'm really sorry I couldn't <u>make it</u> yesterday.
（昨日、都合がつかなくて本当にごめんね。）

❷ We've just barely <u>made it</u> to the airport in time.
（何とか時間内に空港までたどり着いた。）

❸ You have a little anemia as usual. You'll <u>make it</u> soon.
（いつもの軽い貧血だね。すぐよくなるよ。）

❹ After years of struggle, we've finally <u>made it</u>!
（何年もの苦労の末、ついに成功したんだ！）

❺ I'm not gonna <u>make it</u>. Leave me here.
（もうダメだ。俺を置いていってくれ。）

make it は、映画や洋楽などを聴いているとやたらと耳にする表現ですが、意味が十分に理解できなかったという経験がある人は多いのではないでしょうか。「する」という意味で考えると "You can do it." も "You can make it." も同じ意味のように思えます。ところが、両者は意味において大きな違いがあります。

Go for it! You can do it!
（頑張って！　君ならできるよ！）

We have twenty minutes left. You can make it.
（20分ある。間に合うよ。）

　do は「行為をする」ということなので、"You can do it." と言えば、「君はできるよ」と、相手を励ます表現になります。一方、"You can make it." は make を使っていることがポイントです。make は「手を加えて何かを作る」ということでした。「手を加える」ということから、何かに至る「プロセス」がイメージされます。つまり、make it は「何かに手を加えた結果、ある状況（it）を作り出す」という意味合いになります。

　このように it がどういう状況かによって、作り出されるものが変わるのです。make it という表現は make と it のもつあいまい性によって、状況に応じて多様な意味合いが生まれるということですね。

make を用いたイディオムもコアで解決

make の CORE ✳ は「**手を加えて何かを作る**」ということから、「手を加えるもととなるもの（B）」と「作られたもの（A）」を示す場合があります。この 2 点を示すために、**make ＋ A ＋ of B「B を A する**」という構文の形ができます。

You have to make $\left\{\begin{array}{l}\text{❶ use} \\ \text{❷ the best ［the most］}\end{array}\right\}$ of your time.

　　　　　　　　　　　　　　A　　　　←　　　B

ここでは、「自分の時間（B）をもとに、❶利用／❷最大限に活用（A）する状況を作る」ということですね。これと反対のイメージである little や nothing を使えば、次のような例文になります。

I make $\left\{\begin{array}{l}\text{❶ little} \\ \text{❷ nothing}\end{array}\right\}$ of the problem.

　　　　A　　　　←　　　B

「その問題（B）をもとに、❶ほとんど何も（A）作っていない」ということですね。つまり、「私はそのことはほとんど問題にしていない」ということです。❶ little を強めて❷ nothing にすれば、「その問題をものともしない」という意味合いになります。

それでは、次のような例文はどうでしょうか。make a fool of のイディオムで覚えた人も多いと思います。

Don't make a fool of me.

「私のところ（B）」から「ばかな部分を作り出す（A）」ことから、「〜をばかにする」という意味合いが生まれます。

■「出来事」や「状態」も make で作りあげる

あなたが友人宅へ招待されたとき、友人があなたに次のように言いました。さて、どんな意味でしょうか。

I'll make [you coffee.]

make の後ろに you と coffee という 2 つの名詞が並んでいますね。これまでは名詞 1 つだったので、「えっ？」と戸惑った人もいるかもしれません。

make の後ろに名詞が 2 つ並んだ場合、その 2 つの名詞には意味的な関係があります。"I'll make you." では意味がよくわかりませんが、"I'll make you coffee." とすることで、「you と coffee」の関係が明らかになるのです。そこで、you と coffee の関係はどうなっているかというと、「あなたがコーヒーを持つ状態」と考えることができます。つまり、「私が手を加えて、[あなたがコーヒーを持つ状態]を作る」ということです。ここから、「コーヒーを入れてあげるよ」という意味合いになるのです。

手を加える　　　あなたがコーヒーを持つ状態

では、次の英文はどんな意味でしょうか。

I promise I'll make [you happy.]

今度は you の後ろに happy という形容詞がきています。you と happy の関係は「あなたが幸せである状態」ということです。つまり、「私が手を加えて［あなたが幸せである状態］を作る」ということです。もうわかりましたか。この言葉は、「あなたを幸せにするよ」という、愛する人への誓いの言葉だったのです。

手を加える　　　　　happy

　では、同様に、次の表現も考えてみましょう。

I'll make [you smile.]

　今度は you の後ろに smile という動詞がきていますが、考え方は同じです。「私が手を加えて［あなたが笑っている状態］を作る」ということです。つまり、「君を笑顔にするよ」という強い気持ちが込められた表現になります。

PART 1

　最後に、次の表現を考えてみてください。

Please make [yourself at home.]

　今度は yourself と at home の関係になりますが、考え方は同じです。「どうぞ［あなたが、家にいるような状態］を作ってください」ということです。つまり、「くつろいでください」という意味合いの定型表現になります。

make

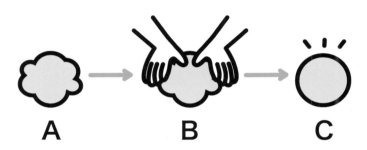

A　　　　B　　　　C

手を加えて何かを作る

make の **CORE** ☀ 「**手を加えて何かを作る**」を意識する。

❶ 「**手を加えたもの**」がある**プロセス**を経て、「**作られたもの**」に
なることがポイント（「手を加えたもの」は明示されないことも
ある）。

❷ 「形のあるもの」だけでなく、「**出来事**」や「**状態**」を作るこ
ともできる。

コアで攻略する

英単語の教科書

PART
2

似ている動詞
の
コア

基本語力のかなめは似ている動詞を使い分けることです。ここでは似ている動詞にフォーカスして解説します。似ている動詞を状況に応じ、自信もって使い分けられるようになりましょう。

（知覚動詞）

see / look / watch

see a movie と watch a movie はどう違う?

▌see, look, watch のイメージ比較

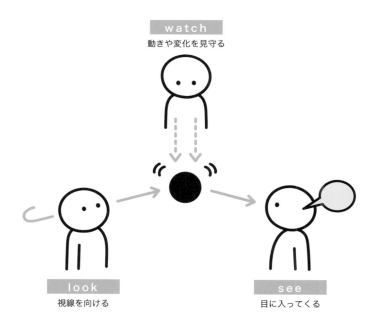

watch
動きや変化を見守る

look
視線を向ける

see
目に入ってくる

　日本語で、「みる」といえば、テレビをみる、右をみる、映画をみる…のように「みる」という1つの動詞で表します。ところが、英語では「みる」という動詞にあたるものの代表に see, look, watch があります。ここで、さっそくですが、クイズに挑戦してみましょう。

A 横断歩道に "LOOK RIGHT" と書いてありますが、look が使われているのはなぜでしょうか？

→ 答え p.063

LOOK RIGHT

B 「映画館に映画をみに行こう」と誘う場合、ふさわしい表現は、❶と❷のどちらでしょうか？

→ 答え p.066

❶ Let's watch a movie.

❷ Let's see a movie.

PART 2

どうでしょうか。悩んでしまう人も、このセクションが終わるころには簡単に答えられるようになっているはずです。

■「視線の向け方」が大切な look

まずは look から確認しましょう。look の **CORE** は「視線を向ける」です。

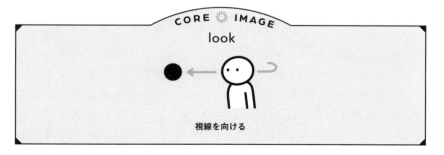

CORE IMAGE

look

視線を向ける

視線をどこに向けるかということを示すために、look は at, up, in, over, back, through, around など、**前置詞や副詞を伴って使うことが多い**のです。

　オーストラリアのある高校に "Greeting"（あいさつ）と題した掲示があって、"Look" "Smile" "Say hello" と書いてありました。

　ここでの "Look" の意味はとても大切です。see でも watch でもなく、"Look" であることがあいさつにおいて大切なのです。何を伝えたいのかわかりますか。これは、look を使うことで**お互いに「視線を向ける」、目と目を合わせるのがあいさつの基本**だということを、ひと言で伝えているのです。

　次の look の使い方をみてみましょう。

Look at her. She looks happy.
（彼女をみてごらん。幸せそうだよ。）

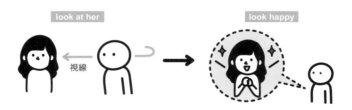

　彼女に視線を向けたその結果、彼女のようすが look happy であったことを表しています。このように、look はようすを描写した表現として「**〜のようにみえる**」という意味でも使うことができます。名詞としての look に「ひと目」「ようす」という意味があり、複数形

looks に「容貌」という意味があるのも、ようすを描写する look からの派生です。日本語でも「ルックス」はそのまま通用しますね。

では、さきほどの に戻りましょう。

🅐 **横断歩道に "LOOK RIGHT" と書いてありますが、look が使われているのはなぜでしょうか？**

"LOOK RIGHT"（右をみよ）で look が使われているのは、歩道を渡る前に**視線を向ける方向が「右」**であることを意図した表現だからです。Ⓠ🅐の答えは、「**右に視線を向けさせるため**」です。書いてある地点では車が右から来ることを教えてくれているんですね。

■ 視野に入ってくるのが see

see の **CORE** ※ は「**目に入ってくる**」です。

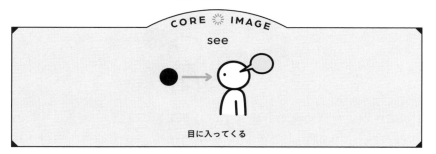

"I looked at it over and over again, but didn't see anything."（何度も何度も見たけれども、何も見えなかった）という文のように、英語では、look と see を使い分けます。

どういう基準で使い分けているのかというと、「**意識をある方向に向ける**」というのが look で、意識せずとも、「**目に入ってくる**」と

いうのが see です。looked at で「視線を向ける」を表現し、didn't see で「（何かが）目に入ってこなかった」を表しています。

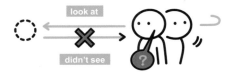

　病院で「医者にみてもらう」は see a doctor と言います。病院に行って、医者が目に入ってくる状況は「診察してもらう」状況であることが想像できますね。

　「目に入ってきた」結果、「それが何であるかがわかる」ことにつながり、see は「**わかる**」という意味でも使えます。日本語でも「要点がみえない」のように、「わかる」の意味で「みえる」を使うことがありますね。認知と思考は深いところでつながっているのです。"I see."（わかった）や "I see what you mean."（あなたの言っていることがわかります）はよく使う会話表現です。**that 節**を用いて、"Nobody can see that it's wrong."（誰もそれが間違っているとはわからない）のように使うこともできます。

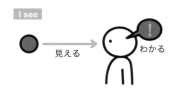

　see という単語で誰もが知っている表現といえば、「さよなら」のあいさつで、"See you tomorrow!"（さよなら、また明日！）がありますね。see の **CORE** は「**目に入ってくる**」ということでした。つまり、"See you tomorrow." とは、"(I'll) see you tomorrow." ということで、「明日、相手が目に入ってくる→お目にかかる」を予期する英語らしい表現だと言えます。

▌動きや変化を見守るのが watch

最後に、watch です。watch の **CORE** は「**一定期間、動きや変化を見守る**」です。

CORE ※ IMAGE

watch

一定期間、動きや変化を見守る

よく工事現場などで、"Watch your step."（足元注意）や "Watch your head."（頭上注意）という看板をみかけます。足元や頭上に「**動きや変化がないか注意せよ**」ということが watch の **CORE** からわかりますね。同様の意味の表現として、"Watch out!"（気を付けて！）という言い方もあります。また、名詞で「**動きや変化がないか注意して見守る人**」ということで、watch を「**警備員**」という意味でも使うことができます。また、「時間に変化がないかみるためのもの」ということで、「時計」という意味にもなります。

WATCHING YOU

オーストラリアのある書店に、上のイラストのような "WATCHING YOU" と書かれたステッカーが貼ってありました。これは、日本で言えば、「防犯カメラ作動中」にあたる表現です。これも、**「何か動きや変化がないか注意してみているぞ」** という警告のニュアンスが watch を使うことで伝わってきます。

では、 B に戻りましょう。

B 「映画館に映画をみに行こう」と誘う場合、ふさわしい表現は、
❶と❷のどちらでしょうか？

❶ Let's watch a movie.
❷ Let's see a movie.

　異なる動詞を使うことで、イメージされる状況が違ってくるのは
面白いですよね。何となくイメージできましたか？

　Ⓠ B の答えは❷です。watch の **CORE** ⁂ は「**一定期間、動きや変
化を見守る**」でした。「テレビをみる」は watch TV ですよね。これ
は、テレビに流れている映像（の動きや変化）を目で追うようにみ
ることから説明できます。❷のように、see は通常、「**映画館で映画
をみる**」ときに使います。映画館に行けば、特に意識しなくても大
きいスクリーンとその映像がパッと目に入りますよね。ここでは、
「**目に入ってくる**」という意味を表す see がぴったりです。もちろん、
家のテレビで映画をみるという場合なら、watch a movie が好まれま
す。

画面をじっと見ている

大スクリーンで自然に目に入ってくる

　このように、see は「目に入ってくる」ため、意識的な動きが感
じられませんが、「視線を向ける」look や、「動きや変化を見守る」
watch には**意識的な動き**が感じられます。そのため、look や watch
は "What are you looking for?"（何を探しているの？）や "I'm watching
TV." のように、進行形で表現することができます。

look

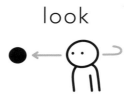

視線を向ける

see

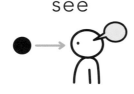

目に入ってくる

watch

一定期間、動きや変化を見守る

❶ look の **CORE** ☀️ 「**視線を向ける**」を意識する。**視線を向ける方向**を前置詞や副詞などで示すことが多い。

❷ see の **CORE** ☀️ 「**目に入ってくる**」を意識する。意識的な動きを感じないため、通常は**進行形にしない**。「**わかる**」という意味でも使われる。

❸ watch の **CORE** ☀️ 「**一定期間、動きや変化を見守る**」を意識する。ここから、「警告」の意味合いでも使われることが多い。

PART
2

(知覚動詞)

listen / hear

「リスニング」と「ヒアリング」の違いとは？

■ listen と hear のイメージ比較

listen
耳を傾ける

hear
音が耳に入る

　英語のテストで最近は、「リスニングテスト」という言い方が定着したように思いますが、「ヒアリングテスト」と呼ばれるものも耳にしたことがあるのではないでしょうか。まずは、クイズを解いてみましょう。

考えてみよう！

「リスニングテスト」と「ヒアリングテスト」の違いは何でしょうか？
→ 答え p.072

　この違いをつかむためには hear と listen の **CORE** を理解することが大切です。

■ listen は意識して「耳を傾ける」

まず、listen の CORE ❋ は「（意識的に）耳を傾ける」です。

通常、耳を傾ける先を to で示し（音と向き合うイメージ）、**listen to** という形で使うのが一般的です。listen to music は「音楽をきく」ということですね。"Now listen to me." は、「私のほうに耳を傾けて」ということから、「私の話をきいて」と注意を促す際に使います。

前置詞を使わなくても、「**（意識的に）耳を傾ける**」という CORE ❋ から、listen attentively / listen carefully（注意してきく）、listen eagerly（熱心にきく）、listen with interest（興味をもってきく）のように、**相手への注意や興味関心を促す副詞（句）とともに使う**ことができます。また、listen with all one's ears は「**きき耳を立てる**」というイディオムですが、これも「耳を傾ける」ことから、listen が使われているとわかりますね。スピーチの最後に、日本語では「ご清聴ありがとうございました」と言いますが、英語では、"Thank you for listening." のように表現します。スピーチに耳を傾けてくれたことに感謝しているわけですね。

▐ hear は音が「耳に入る」

一方で、hear の **CORE** ☀は「音が耳に入る」です。

CORE ☀ IMAGE
hear

音が耳に入る

hear は「きこえる」という訳語になる場合もあります。

"Can you hear me?" は、「(私が出した) **音が耳に入るか**」ということをたずねているわけで、「きこえますか」という意味です。"You heard me wrong." は「きき間違いだよ」ということで、「間違ってきこえてしまった」というニュアンスですね。

注意してきこうとしたけれど、騒音等できこえなかったときは、次のように listen と hear を使い分けて表現することができます。

I listened hard, but I couldn't hear anything because of the noise.
(注意してきいたが、騒音で何もきこえなかった。)

didn't hear
耳に入らない

hear は、前置詞を伴わない用法が一般的ですが、**hear of**（〜のことをきく）と **hear from**（〜からの便りをもらう）はよく用いられます。

I'm very glad to hear of your success.
（私はあなたが成功したときいて、とても嬉しい。）

I hope to hear from you soon.
（お返事をお待ちしております。）

　ここでは、hear the story of your success の the story の部分が省略されていると考えられ、of の **CORE** が「**切っても切れない関係**」（→ p.206）を示すことから、「**耳に入る話が〜のことと分かちがたく関連している**」というイメージです。of を用いることで、直接音が入るというよりも、少し間接的になり、「**何かの知らせを耳にする**」という意味合いになります。

　一方で、hear from も考え方は hear the story from you ですが、from を用いていることから、「**起点から**」となり、**距離感が感じられる表現**です。「〜を起点として、そこから耳にすること」で、「**〜からの便りをもらう**」といった意味合いになります。

　次の英文をみてみましょう。どのような違いがあるでしょうか。

When I heard the doorbell, I was listening to music.
（玄関のドアベルの音がしたとき、私は音楽をきいていた。）

　listen だけが was listening と進行形になっています。なぜでしょうか。わかった人は hear と listen の違いがよく理解できている証拠です。

　hear は「音が耳に入る」ということで、**意識的な動きを感じない動詞であるため、進行形にはできません。**一方で、listen は、「耳を

傾ける」という**意識的な動きが感じられる動詞なので、進行形にすることができる**のです。

　ここまでみてくると、聴覚動詞も、視覚動詞の使い分けと似ていて、look は listen、see は hear に対応しますね。構文も似た性質をもつので、次の表のように理解しておきましょう。

共通の要素	日本語	英語	前置詞	進行	that 節
意識を向ける	みる	look	○	○	×
	きく	listen	○	○	×
無意識に視聴覚機能がはたらく	みる	see	×	△₁	○
	きく	hear	△₂	×	○

△1……進行形にするときは、「(恋人と) 付き合う」といった意味になる。
△2……of と from のみ可能だが、意味合いが変わる。

　look, listen はある方向に意識を向ける動詞であるため、方向を伴う前置詞と用いたり、進行形にしたりすることができます。一方で、see、hear は対象が無意識に入ってくるイメージなので、通常は前置詞を使わず、進行形にもしません。また、認識の意味に拡張することにより、that 節を伴うこともできるようになるのです。

　ここで、冒頭のクイズに戻りましょう。

「リスニングテスト」と「ヒアリングテスト」の違いは何でしょうか？

　「リスニングテスト」は英語では **listening comprehension test** です。「**注意して耳を傾けて、内容を理解する能力を試すテスト**」のことです。一方で、「ヒアリングテスト」は **hearing test** です。「**音が耳に入るかどうかを試す身体能力測定**」のことです。この２つはまったく違うものを試すテストだということがわかりますね。よって、Ⓠの答えは、「テストの内容が、リスニングテストは理解力、ヒアリングテストは聞こえ方をはかるものである」です。

listen

（意識的に）耳を傾ける

hear

音が耳に入る

PART
2

❶ listen の **CORE** 「**（意識的に）耳を傾ける**」を意識する。**耳を傾ける先を前置詞や副詞で示す**ことが多い。

❷ hear の **CORE** 「**音が耳に入る**」を意識する。意識的な動きが感じられない動詞であるため、通常は**進行形にはしない**。認識の意味に展開できるので、that 節を伴うことがある。

PART
2

SECTION
3

（発話動詞）

speak / talk / tell / say

「話す」を使い分ける

■ speak, talk, tell, say のイメージ比較

コミュニケーション動詞	一方向 **speak** 音を発する	双方向 **talk** 言葉でやりとりする
内容伝達動詞	yes **say** 内容を言う	yes **tell** 相手に内容を伝える

　発話動詞といえば、**speak, talk, tell, say** ですね。しかし、これら
をどのように使い分けるかと問われると、うまく説明できる人は少
ないようです。発話動詞の使い分けについては、多くの問題集や参
考書などでは、次のように説明されています。

- speak は自動詞、ただし「言語」を伴うときは speak English のように他動詞となる。
- talk は自動詞。
- tell は二重目的語（tell O_1 O_2）をとる。
- say は that 節をとったり、引用符（"　　"）を使って発言を引用したりすることができる。

　それぞれの動詞の後ろにくる形が違うことが説明されているわけですが、これを暗記しても、発話動詞を使い分けることは難しそうです。日本語でも、「言う」「話す」「しゃべる」など、無意識に使い分けをしています。たとえば、「電話で話す」と「電話で言う」では意味が違いますね。第二言語を学ぶ場合は、これを意識的に学んでいく必要があります。そこで、コアが活躍します。それぞれのコアから意味を確認していきましょう。

▌speak と talk の違い

　まずは、speak と talk のコアから確認していきます。speak も talk も相手とのコミュニケーションを想定した動詞です。

speak の **CORE** は「**音を発する**」です。

ポイントは「**一方向性**」です。つまり、speak は音を出せばいいので、必ずしも相手とのやりとりを必要としません。

　一方で、talk の CORE は「**言葉でやりとりする**」です。

　talk は「**双方向性**」で、「**相手との言葉のやりとり**」がポイントになります。

　ではここで、クイズです。これがわかれば、speak と talk の違いが理解できている証拠です。よく考えてみてください。

考えてみよう！
Q

ケイさんに電話がかかってきました。ケイさん本人が受話器を取った場合、ふさわしい答えは、❶と❷のどちらでしょうか？

Hello, can I talk to Kei?
Kei：❶ Speaking.　　　❷ Talking.

電話をかけて、「〜さんいらっしゃいますか」ときくときは、"Can I talk to …?" と言います。talk to も speak to も「〜に話しかける、〜と話す」と習いますが、この状況では、**「電話で相手と話をする」**ことを想定しているので、talk が普通です。その問いかけに対して、本人が出た場合、"Speaking."（私です）と答えます。これは相手の言う Kei さんを代名詞にして、ケイさんが男性なら "He is speaking."、ケイさんが女性なら "She is speaking." の略です。まだ言葉のやりとりはしておらず、相手に応答して**「声を出す」**ことに主眼があるからです。わかりましたか。つまり、Ⓠの答えは❶ですね。

■ speak は「音を発する」がポイント

speak の派生語である **speaker** には、単なる話者という意味だけでなく「講演者」や「スピーカー（拡声器）」の意味もあります。「講演」というのは、基本的に、聴衆に向けて一方向に話すものであり、「スピーカー」も音を一方向的に出すということで共通しています。

speak は後ろに言語を伴って、"He can speak English."（彼は英語を話せる）のように使うことができます。この表現は、「言語でやりとりする」ということではなく、**「言語を話す」**ことに主眼があるので、speak を使うわけです。

PART 2

「もう少し大きい声で言ってくれませんか」と言うときも、相手の**声の大きさが問題である**ので、"Could you speak up?" のように speak を使って表現します。

「**一方向性**」かどうかを意識すれば、次のような慣用表現に speak が使われている理由もわかりますね。

❶話者が一方向的に話の内容を調整する

not to speak of 〜

（〜のことは言うまでもなく）

so to speak

（いわば）

Strictly [Frankly / Honestly] speaking

（厳密[率直 / 正直]に言うと）

❷話者が相手に一方的に評価を加える

speak highly of 〜 （〜をほめる）

speak ill of 〜 （〜の悪口を言う）

■ talk は「相手とのやりとり」を想定している

次に talk についてくわしくみていきましょう。テレビなどの会見番組を talk show（トークショー）と言うように、talk は「**相手とのやりとり**」がポイントです。

首脳会談は summit talks であり、各国の首脳が言葉でやりとりをすることがイメージされます。相手とのやりとりが想定される状況で、talk with や talk about という形でよく用いられます。

talk about the problem　　　意見を言い合っている

I'm very happy to <u>talk</u> with you.
（あなたと話せてとても嬉しい。）

We're going to <u>talk</u> about the problem.
（私たちはその問題について話し合う予定です。）

　「独り言を言う」は、英語では <u>talk</u> to oneself と言います。英語的な発想では「独り言」は**「自分との言葉のやりとり」**ということなんですね。同じ発想で、「寝言を言う」も <u>talk</u> in one's sleep と言います。また、「ばかなことを言うな」は、"Don't <u>talk</u> nonsense." と言います。相手とのやりとりのなかで出てきた言葉なので talk を使うのですね。

　最後に、**talk A into B** で**「A を説得して、B の状態にさせる」**という慣用表現を考えてみましょう。

The salesman <u>talked</u> me <u>into</u> buying a camera.
（そのセールスマンは私を説得して、カメラを買わせた。）

PART 2

　この文で、なぜ talk が使われているのか、もうわかりますね？「（説得する過程で）**A と言葉でやりとりをする**」ということがポイントです。商品を買ってもらうためにセールスマンは、「セールストーク」をするわけですね。一方的な話では客に逃げられてしまうので、客との「言葉のやりとり」が大切なのです。やりとりした結果を into 以下で示しています。

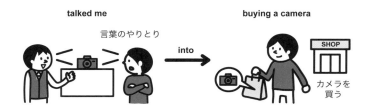

talked me　　　　　buying a camera
言葉のやりとり　　into
カメラを買う

■「ものを言う」のが say

次に say と tell の違いについてみていきましょう。この2つは「内容伝達」に焦点を合わせた動詞です。

say の **CORE**※は「**内容を言う**」です。

話す内容がポイントで、"Say again?" は、「今話した内容をもう一度言って」ということになります。
このコアから、**引用符（" "）を用いて、発言を直接引用することができる**のが say の特徴です。

The boy said, "I'll be back by five."
（「5時までには戻るよ」と男の子は言った。）

that 節で発言内容を引用することもできます。この場合は直接引用するのではなく、時制を一致させます。

The boy said that he would be back by five.

引用する「内容」は「**人々に言われていること、うわさ**」などにも使われ、**They say that…**、**It is said that…**、**S is said to do…** などの構文で使われます。

They <u>say</u> that the comedian is a billionaire.
It is <u>said</u> that the comedian is a billionaire.
The comedian is <u>said</u> to be a billionaire.
（そのお笑い芸人は億万長者と言われている。）

　「**内容を言う**」という CORE ☀ から、「ある言葉」について問うとき、たとえば「英語で何て言うの？」とたずねるときにも say を使います。

Ⓐ：How do you <u>say</u> "*mochi*" in English?
Ⓑ：It's "rice cake."

> A：「餅」のことを英語で何と言うの？
>
> B：「rice cake」だよ。

　say の主語は人以外でも、たとえば、The newspaper <u>says</u> …（その新聞によれば）のような形で、そのメディアが伝える**内容を引用する**ことなどができます。

　say の名詞形は saying で「**格言、ことわざ**」の意味です。ここからも、say は発言内容に重点がある語だとわかりますね。

最後に、say が間投詞のようなはたらきをする例を紹介します。間投詞とは、呼びかけの「やあ」、あいづち「そうだな」などを表す語です。

Why don't we meet on, say, Friday at 1:00?
（会わない？　たとえば（そうだな）、金曜の1時くらいに。）

say を辞書などで引くと「たとえば」という訳が書いてありますが、それだけみても say が「たとえば」を意味する理由はピンとこないでしょう。しかし、say の **CORE** は「内容を言う」ですね。**具体的な内容**（会う時間）を say の後ろで表現しています。「内容を言う」という say の **CORE** から、「たとえば…」「そうだな…」と「…」に内容を導入する役割を担うこともできるということです。say ならではの用法といえます。

▌tell は「内容を相手に伝える」

次に、tell です。

tell の **CORE** は「**相手に内容を伝える**」です。

say は内容を言うだけでしたが、tell は発話の相手が想定され、内容を「**伝える**」ことがポイントです。

「**誰かに**」「**何かを伝える**」というのが基本的な形であり、tell の直後に人がくることが多くなります。

My grandmother [told] [me]
　　主語　　　　　　　　　相手

❶ about life during her youth.
❷ that she had had a hard time during the war.
❸ to have a good marriage.
❹ what to do in the future.
伝達内容

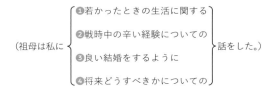

（祖母は私に
❶若かったときの生活に関する
❷戦時中の辛い経験についての
❸良い結婚をするように
❹将来どうすべきかについての
話をした。）

tell の直後に人（伝える相手）がきて、その後ろに伝達内容がくる形で、**about 名詞**、**that 節**、**to do**、**疑問詞**など、実にさまざまなバリエーションがあることがわかります。

PART
2

また、「道を教えてください」と言うときも、tell を使います。

Could you <u>tell</u> me the way to the station?
（駅までの道を教えていただけますか。）

tell me the way

station

駅までの
行き方

say the way

the
way

"the way"
という言葉を
発しているだけ

ここでは、「道」という「言葉」をきいているのではなく、「駅までの行き方」という「内容の伝達」をきいているので、tell が適切です。

「**相手に内容を伝える**」というコアから、tell a lie（うそをつく）、tell the truth（真実を話す）、tell bad jokes（つまらない冗談を言う）と表現をするのも理解できます。「相手」を直接、明示していませんが、うそも真実も冗談も、伝える相手がいてこそ使える表現ですね。

■「わかる」を表す tell

tell A from B で「**A を B と見分ける**」というイディオムで紹介される表現ですが、これも「相手に違いを伝えられるか」ということから、「違いがわかるか」というように意味に展開していきます。

It is difficult for ordinary people to <u>tell</u> expensive wine <u>from</u> cheap wine.
（凡人には、高価なワインと安いワインを見分けるのは難しい。）

また、同様の考え方で次のような「わかる」という意味合いをもつ tell を理解することができます。

There is no <u>telling</u> what will happen in the future.
将来、何が起こるかという内容について相手に伝えることができない。
（将来何が起こるかわからない。）

音を発する

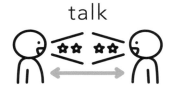

言葉でやりとりする

内容を言う

相手に内容を伝える

speak と talk は「**やりとりの有無**」で使い分ける。

① speak の **CORE** ※ 「**音を発する**」を意識する。**一方向的**で、やりとりなし。

② talk の **CORE** ※ 「**言葉でやりとりをする**」を意識する。**双方向的**で、やりとりあり。

say と tell は「**内容**」か「**内容の伝達か**」で使い分ける。

③ say の **CORE** ※ 「**内容を言う**」を意識する。**発言の中身**を強調。

④ tell の **CORE** ※ 「**相手に内容を伝える**」を意識する。**発言内容の伝達**を強調。

PART 2

SECTION

4

（移動動詞）

come / go

「今行きます！」が I'm going! ではないワケ

■ come と go のイメージ比較

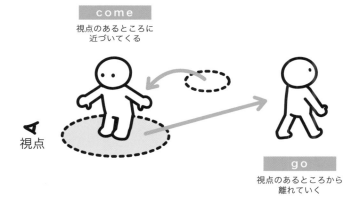

come
視点のあるところに
近づいてくる

視点

go
視点のあるところから
離れていく

■「come＝来る、go＝行く」と覚えることの危険性

　come と go の意味は何でしょうか。そんな中学１年生でも知って
いるような簡単なことを今更…と思った人の多くは「come＝来る、
go＝行く」と考えたのではないでしょうか。ところが、この理解で
は come, go をうまく使い分けることができません。ここでもまず
は、クイズに答えてみてください。

次の文の（　）の中から、正しい語を選びなさい。
→ 答え p.088

❶ 「今晩、寿司の食べ放題に行くんだけど、君も一緒に行かない？」

We're ①(going / coming) out for a sushi buffet tonight.
Would you ②(come / go) with us?

❷ 「夕食だよ。」「今、行きます。」

"Dinner is ready." "I'm (going / coming)."

❸ 「ちょっと買い物に行ってきます。」

I'm going to (go / come) shopping.

❹ 一緒にいる友だちに「僕、そろそろ帰るね」と言う場合

I've got to (go / come) home.

❺ 外出先から「そろそろ帰るね」と、家にいる母に電話をする場合

I'll (go / come) home soon.

❻ 「明日、おうかがいしてもよろしいですか」とたずねる場合

May I (go / come) and visit you?

PART
2

　ここでもコアからしっかり理解を深め、使い分けられるようにしましょう。

come の **CORE** は「**視点のあるところに近づいてくる**」です。

CORE ☀ IMAGE

come

視点

視点のあるところに近づいてくる

一方で、go の CORE ☀ は「**視点のあるところから離れていく**」です。

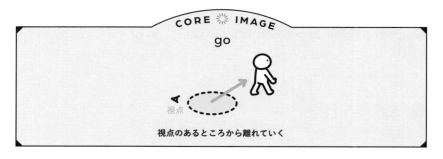

come と go の違いを理解するには、「**心理的な視点がどこにあるか**」がとても大切なポイントになります。

では、クイズを1つずつみていきましょう。

ⓠ ❶の①の場合、**視点は「今、話をしているこの場」**にあります。そこで、話者は「食べ放題に行く」という話をしていることから、「**今、話しているこの場から離れる**」ということなので、going を選択します。ⓠ ❶の②は、「君も一緒に行かない？」と誘っていて、**話者のところに視点**があり、「**話者のところに近づく**」ということを期待しているから、come が選択されます。

ⓠ ❷では、「夕食だよ」と呼びかけている**母のところに視点**があり、娘がそこに移動することから、coming が選択されます。

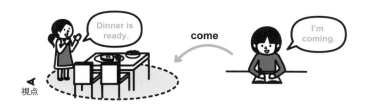

@ ③では、視点は**今、話しているこの場**にあり、「買い物に行く」
はその場から離れるので、**go** です。

@ ④と⑤ですが、「帰る」＝go home と覚えてしまっているのは
危険です。ここでも視点が大切です。@ ④の場合、**視点は「今まで
友だちと一緒にいたこの場」**なので、そこから離れるため、**go** が選
択されます。@ ⑤の場合は、**視点は「家にいる母」**であり、そこに
近づくため、**come** が選択されます。

PART
2

@ ⑥の「うかがう」は、日本語では「行く」の謙譲語ですが、訪
問の依頼であるため、**視点を相手のところに置き、そこに移動する**
ということなので、**come** が選択されます。
　このように、come と go は**「視点がどこにあるか」**が大切であり、
必ずしも日本語の「来る」「行く」に対応するわけではないのです。
きちんとコアイメージを意識して使い分けるようにしましょう。

■ プラスイメージの come とマイナスイメージの go

　「視点」のあるところに「**近づく**」のか「**離れる**」のかを考えることで、「来る」「行く」と訳せない come, go の表現もグッと理解しやすくなります。では、次の文をみてみましょう。

My son has grown and <u>comes up to</u> my shoulder.
（息子は成長して、私の肩くらいまで背丈がある。）

　come up to は一般的には「**〜まで達する**」という意味の句動詞ですが、視点が私の肩にあり、そこまで近づくということですね。同様に考えると、次のような例にも応用できます。

A good idea <u>came into</u> my mind.
（良いアイディアが浮かんだ。）

　これも、「良いアイディアが自分のところに近づいてくる」ということで「アイディアが浮かぶ」という動的なイメージが思い浮かびますね。

I came to understand her feelings.
（私は彼女の気持ちがわかるようになってきた。）

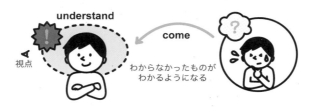

come to do で「〜するようになる」という意味ですが、これも、come の「**視点のあるところに近づいてくる**」というコアから、何かに至るプロセスを表現した使い方といえます。

次のように、後ろに形容詞を伴う場合もあります。

My dream of being [becoming] a pilot came true.
（パイロットになるという私の夢が実現した。）

PART
2

come true で「**実現する**」という意味ですが、これも考え方は同じです。私に視点があって、「私の夢が本当である状態に私に近づいてくる」というイメージで come が選択されます。

海外の街を歩いているとよく、"coming soon" という広告を目にします。「**もうまもなく開店します**」ということですね。これは客に視点があり、そこに近づくということです。

　「インフルエンザが学校で流行ってきている」というのは英語ではどう表現するでしょうか。日本語では「きた、きている」と表現しますが、英語では次のように言うのが一般的です。

Influenza is <u>going around</u> this school.
（インフルエンザがこの学校で流行ってきている。）

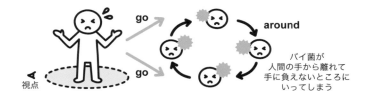

バイ菌が
人間の手から離れて
手に負えないところに
いってしまう

　go の **CORE** は「**視点のあるところから離れていく**」ということから、その結果として「**自分の手に負えないところに行ってしまう**」という意味に展開し、「（うわさ・ニュースなどが）広まる」や「（病気などが）流行する」といった意味合いで使うことがあります。また、形容詞を伴って「**悪い状態に移行する**」というときに使われることが多く、<u>go</u> wrong [bad]（悪くなる）、<u>go</u> sour（腐る）、<u>go</u> wild（大騒ぎをする）、<u>go</u> bankrupt（倒産する）といった表現があります。

■ go には 3 つの視点がある

もう一度、go のおさらいをします。

go の **CORE** ☀ は「**視点のあるところから離れていく**」です。

この「**離れていく**」というところには、3 つのポイントがあります。

視点1 「**ある場所から離れる**」という部分が**強調**された表現

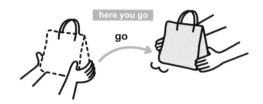

Here you go.
☀ 店員の手から離れて、客にポンと手渡す。
(さあ、どうぞ。)

For here or to go?
☀ 客がこの場から離れる。
(ここで召し上がりますか、それとも、お持ち帰りになさいますか。)

"Can I go to the bathroom?" "Sure, go ahead."
☀ 私がその場から離れる。
(「トイレに行ってもいいですか。」「どうぞ。」)

視点2 「**進行している状態**」に**焦点**を合わせた表現

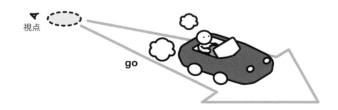

視点

go

The car is going too fast.

※ 車があまりに速く進行している。

（その車はスピードを出しすぎている。）

How's it going?

※ 物事がどのように進んでいるか。

（調子はどうだい？）

As the saying goes, …

※ ことわざが広まっている。

（ことわざにもあるように…）

Red wine goes with meat.

※ 赤ワインと肉が調和している。

（赤ワインは肉とよく合う。）

視点3 「移動の目標」や「自分の手の届く範囲を超えたところ」に
焦点を合わせた表現

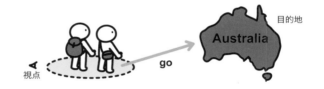

We will go sightseeing in Australia.

※ 移動したあとの目標である観光に行く。

（私たちはオーストラリアに観光に行く。）

Winter is gone, and spring has come.

※ 冬がもう手の届かないところに行って、なくなる。

（冬は過ぎ去り、春が来た。）

Something is going wrong with this computer.

※ コンピューターが自分の手に負えない状態になっている。

（このコンピューターの調子がおかしい。）

come

視点

視点のあるところに近づいてくる

go

視点

視点のあるところから離れていく

come と go の違いは、日本語で考えず、「**視点**」を意識しよう。

❶ come の **CORE** ※ 「**視点のあるところに近づいてくる**」を意識する。話者の心理的な視点がどこにあるかを常に意識しよう。

❷ go の **CORE** ※ 「**視点のあるところから離れていく**」を意識する。**3 つの視点**があることに注意しよう。

PART
2

（移動動詞）

fall / drop

fall に「落ちる」と「秋」の意味があるワケ

fall と聞くと、「落ちる」と「秋」という単語が思い浮かぶのではないでしょうか。では、さっそくですが、ここでクイズです。

季節の「秋」はなぜ、「落ちる」という意味の fall と同じ単語なのでしょうか？　　　　　　　　　　　　　　　　→ 答え p.099

このような素朴な疑問も、基本語を学ぶうえでとても大切です。「丸暗記」ではなく、「なぜだろう？」と常に考える姿勢で学んでいきましょうね。

■「落ちていく過程」が大切な fall

fall の **CORE** は「**落下する**」です。

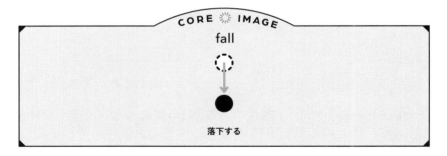

CORE IMAGE

fall

落下する

「**落ちていく過程**」がポイントです。例文をみてみましょう。

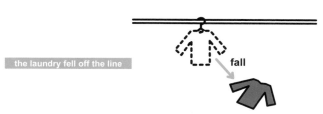

the laundry fell off the line

fall

❶ The laundry <u>fell</u> off the line.

（洗濯物が物干し綱から落ちた。）

❷ Be careful not to <u>fall</u>.

（転ばないように気を付けて。）

❸ Prices are <u>falling</u> these days.

（ここ最近、物価が下がり始めている。）

❹ In the spring of 2003, the Hussein regime <u>fell</u>.

（2003 年の春に、フセイン政権は崩壊した。）

PART 2

　これらの例文の中でも、**❶**、**❷**のようにモノが落ちたり、人が転んだりするときに使うのが、fall の典型的な用法です。そして、**❸**、**❹**のように温度や物価が下がったり、政権などが崩壊したりするときにも fall を使うことができます。

　みなさん、<u>fall in</u> love with（～と恋に落ちる）は、きいたことがありますか。

I <u>fell in</u> love with her when we first met.

（初めて会ったとき、私は彼女と恋に落ちた。）

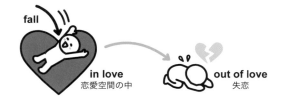

fall

in love
恋愛空間の中

out of love
失恋

　「恋愛空間の中（in love）に自分が落ちていく（fall）」というイメージですね。日本語でも、「恋に落ちる」という言い方がありますね。

逆に、「失恋」は恋愛空間の外側に落ちるイメージで、fall out of love と言います。

　また、「眠りに落ちる」に当たる表現として、fall asleep があります。

He <u>fell</u> asleep on the train and rode to the final station.
（彼は電車で寝てしまい、終点まで行ってしまった。）

　電車内や授業中などで、不意に、頭がガクッと下がって寝てしまうような光景をイメージしてください。「恋に落ちる」も「眠りに落ちる」も予期していない状態になることがポイントです。

　次のように、**fall back on** で「〜に頼る」という句動詞があります。

He has no friends to <u>fall</u> back on.
（彼には頼れる友人がいない。）

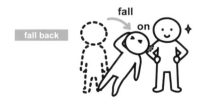

　depend on（〜を頼る）などとは違い、fall back on には「**（ほかの手段がなく、困難な状況にあって）最後のよりどころとする**」という意味合いがあります。これは「後ろに倒れかかって（fall back）、接した状態（on）になる」と考えれば理解できますね。

さて、冒頭のクイズに戻りましょう。

季節の「秋」はなぜ、「落ちる」という意味の fall と同じ単語なのでしょうか?

「秋」も「落ちる」も fall で表せる理由は偶然ではありません。Ⓐの答えは「**fall が秋を意味するのは、もともと、fall of leaves からきた言葉だから**」です。「葉が落ちる季節」ということを表し、「秋」という意味が生まれたのですね。

■「音がしそう」な drop

次に **drop** の使い方をみていきましょう。drop は名詞では「しずく」の意味で、雨のしずくは **raindrops**、水滴は **drop of water**、目薬は **eye drops** と言います。

PART 2

動詞の drop の **CORE** は「**ポトンと落ちる**」です。

例文をいくつかみてみましょう。

My smartphone <u>dropped</u> out of my pocket.
（僕のスマホがポケットから落ちてしまった。）

Tears are <u>dropping</u> onto the letter.
（涙が手紙にこぼれ落ちている。）

　「ポトン」と落ちる音が聞こえそうな感じが drop のイメージで大切です。爆弾などを落とすときにも、drop が使われます。

The planes <u>dropped</u> bombs on the village.
（飛行機は村に爆弾を投下した。）

　また、何かが「ポトン」と落ちるイメージを応用して、「**ちょっと立ち寄る**」や「（人を）**乗り物から降ろす**」といった意味合いでも使われます。

I'll <u>drop</u> by the supermarket on my way home.
（帰る途中でスーパーに寄っていくね。）

Please <u>drop</u> me off at the next corner.
（次の角で降ろしてください。）

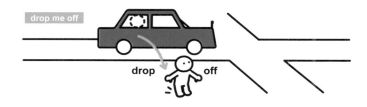

「**退学する**」など、何かから途中で離脱するときは **drop out** と言います。日本語の「ドロップアウトする」と同じ意味合いです。退学の場合、学校生活からポトンと落ちる感じですね。

He dropped out of high school.
（彼は高校を中退した。）

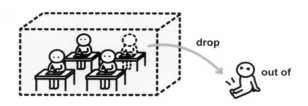

　ほかに、次のような例があります。「ひと言（**a line**）を私にポトンと落とす」というイメージです。

Please drop me a line when you get there.
（そこに着いたら、ご連絡ください。）

　ほかの応用例もみてみましょう。

Since December, the temperature has dropped.
（12 月から、気温が急に下がってきた。）

　このように、「何かが下がる」と言うときにも drop が使えますが、「ポトンと落ちる」というコアから、「**急激な落ち込み**」のときに使われます。

fall

落下する

drop

ポトンと落ちる

❶ fall の CORE ※ 「**落下する**」を意識する。「**落ちていく過程**」に焦点がある。

❷ drop の CORE ※ 「**ポトンと落ちる**」を意識する。音を立てて落ちるイメージ。

PART 2

SECTION

6

(移動動詞)

carry / bring
「持ってくる」と「持っていく」の違い

　キャスター付きの旅行かばんのことを「キャリーバッグ」(和製英語) と言いますが、英語では carrier bag は、レジ袋や手提げ袋など、何かを持ち運ぶための袋のことを言います。

■「移動そのもの」が焦点の carry

carry の **CORE** ✳ は「何かを身につけて (伴って) 移動する」です。

CORE ✳ IMAGE

carry

何かを身につけて (伴って) 移動する

PART
2

　身につけて持ち歩くことがポイントです。カンガルーが赤ちゃんカンガルーを連れて歩くというのは carry のイメージにピッタリです。carry のポイントは「**移動すること**」にあり、「どこに」移動するのかという目的地は問題にはなりません。

carry
子を携えて移動

A mother kangaroo is carrying a baby kangaroo in her pouch.

（お母さんカンガルーが赤ちゃんカンガルーをおなかの袋に入れて連れているよ。）

She carries her smartphone all the time.

（彼女はいつもスマホを持ち歩いている。）

　また、次の例のように、carry の主語は、人であるとは限りません。

This car carries six people.

⚛️ 車が6人の人を伴って移動できる。 ➡ 6人乗り

（この車は6人乗りです。）

6人を運んで移動

carry

This department store carries clothing for people of all ages.

⚛️ デパートはあらゆる年齢層の服を伴って、運営している。

（このデパートはあらゆる年齢層の衣類を取りそろえている。）

　日本語でも「運営する」と言うときに、「運」という漢字を使うので、共通点がありますね。類例としては、次のような表現があります。

We will carry out the plans even if it rains.

⚛️ 計画を外に運び出す。 ➡ 実行する

（私たちは雨天でも計画を実行します。）

■「移動の結果」が大切な bring

一方で、bring の CORE※は「**何かを手にしてある場所に移動させる**」です。

ポイントは移動そのものよりも、**視点となっているところに何かをもたらす**ということです。

たとえば、職員室で先生が生徒に、教室にある生徒のノートを届けるように依頼する場面を想像してください。

Can you bring their notebooks to the teachers' office?
（ノートを職員室まで持ってきてくれない？）

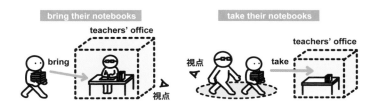

ここでの視点は職員室にあります。その職員室にノートを移動させるので bring が用いられます。ここで、take を用いた場合、視点の置き方が異なります。先生と生徒が教室にいて、先生が生徒にノートを職員室へ持っていくように依頼する状況であれば、視点は教室

にあり、教室から離れる動きなので take です。このように、**ある視点から離れる移動であれば take、ある視点に近づく移動であれば bring** となるのです。この関係は go と come との関係に対応します。

　では、確認のために、次のクイズに挑戦してみてください。自信をもって答えられれば、bring と take の違いを理解できたことになります。

次の文で、bring を使うのが適切ならば○、不適切ならば×を書きなさい。

❶ Please <u>bring</u> me a glass of beer.　　　　　（　　　）
❷ <u>Bring</u> your girlfriend with you.　　　　　（　　　）

　どうでしょうか。❶は「私にビールを 1 杯、持ってきて」、❷は「彼女を連れてきなよ」という意味です。Ⓠの答えは、**どちらも○**です。視点は、「**話し手のいるところ**」に置かれるのが基本です。❷の文に take を入れた場合、Take your girlfriend to a dinner party with you. のように、「どこに」という情報が必要になりますが、bring の場合は「話者のところに」ということが明らかなので、移動先を示さなくても使えるのです。

また、bring は何かを行った原因があり、その**結果に焦点**を合わせて、「**〜をもたらす**」「**〜に至らせる**」というような使い方をすることができます。

Exercise **brings** you health.
_{原因}　　　　　→　　　　_{結果}

☀ **運動の結果、あなたが健康になる。**
（運動すれば健康になりますよ。）

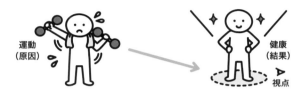

運動
（原因）

健康
（結果）

▶
視点

This episode **brought** home to me the pointlessness of war.
_{原因}　　　　　→　　　　　　　　　　_{結果}

☀ **エピソードをきいた結果、私は戦争の無意味さを実感する。**
（このエピソードをきくと、戦争の無意味さがしみじみわかった。）

The magazine **brought** the scandal to light.
_{原因}　　　　　→　　　　_{結果}

☀ **その雑誌が発表した結果、スキャンダルが明るみに出る。**
（その雑誌によって、そのスキャンダルが明るみに出た。）

What **brought** you to Japan?
_{原因}　　→　　_{結果}

☀ **何かがあった結果、あなたは日本にいる。**
（あなたはなぜ来日したのですか。）

carry

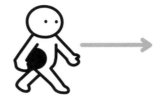

何かを身につけて（伴って）移動する

bring

視点

何かを手にしてある場所に移動させる

carry と bring は「移動そのもの」か「移動の結果」かで使い分けよう。

❶ carry の CORE ☀ **「何かを身につけて（伴って）移動する」** を意識する。**「移動プロセス」** が強調され、移動先は問題としない。

❷ bring の CORE ☀ **「何かを手にしてある場所に移動させる」** を意識する。**移動の結果**に焦点がある。「視点」を意識して、take との違いも理解しよう。

（移動動詞）

push / press

press とプレッシャーの意外な関係

　呼び出しボタンなどに "**PUSH**" と書いてあるのを見たことがあります
ますよね。一方で、press にも「押す」という意味があります。「ズ
ボンプレッサー」（英語では、a trouser press）というのを聞いたこ
とがある人も多いのではないでしょうか。日本語ではどちらも「押
す」と訳される push と press ですが、どのように違うのでしょうか。

　ではまず、次のクイズに挑戦してみましょう。

考えてみよう！

1 筋力トレーニングの１つである push-ups を日本語で表現する
には、どちらが正しいでしょうか？

❶　腹筋　　　　　　❷　腕立て伏せ

➡答え p.110

2「押し花」を表す英語として、どちらが正しいでしょうか？

❶　pushed flowers　　　❷　pressed flowers

➡答え p.111

　どうでしょうか。このセクションを終えるころには、自信をもっ
て答えを出せるようになっているはずです。

■ 押す「動作」が大切な push

push の **CORE** 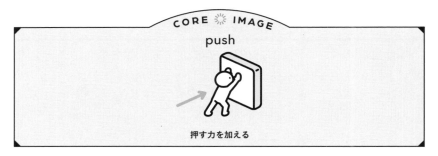は「押す力を加える」です。

CORE IMAGE

push

押す力を加える

「押さないで」は "Don't push me." と言います。つまり、**押すという動作**が push のポイントです。

では、さっそく ⓐ 1 に戻りましょう。

「(地面に)押す力を加えて(体を)up の状態にする」という筋力トレーニングは、日本語では何と言うでしょうか。もうわかりましたね？ ⓐ 1 の答えは、❷腕立て伏せです。なお、❶の「腹筋」は sit-ups などと表現します。

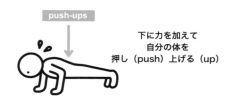

push-ups

下に力を加えて
自分の体を
押し(push)上げる(up)

■ 押しつけた「結果」が大切な press

一方で、press の **CORE** は「**押しつける**」です。

CORE ☀ IMAGE

press

押しつける

あまりピンとこないかもしれませんね。ズボンプレッサーを例に
考えてみましょう。熱で押しつけてズボンのしわを伸ばしてくれる
あのスグレモノです。ここでは、押す動作を加えるよりも、押しつ
けているので、a trouser press と言います。「ズボンにアイロンをか
ける」も press を使い、press trousers と言います。

では ⓐ-**2** に戻りましょう。
答えは、❷ **pressed flowers** です。「押しつけられた花」というこ
とで、「押し花」になります。

このように、press は**押された結果に焦点がある語**だと考えてくだ
さい。ジュースやワインを作るときなどにブドウをしぼることを
press grapes と言います。ワインを作るための圧搾機のことを a wine
press と言います。「**押しつける**」というところに焦点を合わせた表
現ですね。

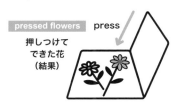

pressed flowers　press

押しつけて
できた花
（結果）

a wine press

押しつける

PART
2

また、press には「**印刷機**」の意味もあります。これは、昔の印刷機が機械にインクをつけて、紙にガシャンと押しつける形で印刷をしていたことに由来します。のちに、the press（出版物・記者団）、press release（報道関係者に対する発表）、press freedom（報道の自由）のように、印刷に関わる「新聞」「雑誌」「報道機関」といった意味合いをもつようになりました。

■ push と press の使い分け

　「ドアを押して開ける［閉める］」と言うときには、<u>push the door open ［shut］</u>が一般的です。「**押す力を加える**」という push のコアから、ドアを押す力を加えて、「開けたり閉めたり」できるわけです。

　また、「相手が何かの行動をするように押す力を加える」ということで、次のような言い方もできます。

The teacher <u>pushed</u> me into going to graduate school.
（先生は私に大学院に行くようにすすめた。）

　日本語でも「プッシュする」のように言いますね。ちなみに、この例文の pushed を pressed に変えると「強要する」という意味合いが強くなります。「プレッシャー」（pressure）は press の名詞形の派生語です。「**精神的に押しつけられた状態**」のことで、press のイメージからも納得がいきますね。

push

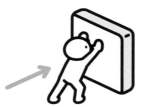

押す力を加える

press

押しつける

push と press は「押す力を加える動作」か「押された結果」か、で使い分けよう。

❶ push の **CORE** ※ 「**押す力を加える**」を意識する。**押す動作**に焦点がある。

❷ press の **CORE** ※ 「**押しつける**」を意識する。**押された結果**に焦点がある。

（移動動詞）

lift / raise

「上げる」も「育てる」も raise で表せるワケ

はじめに次のクイズに答えてみてください。

考えてみよう！
Q

「答えがわかったら手を上げてください」と言うとき、次の（　）にあてはまる動詞として正しいものを選んでください。 → 答え p.116

（　　　）your hand if you know the answer.

❶ Lift　　　❷ Raise

❶ Lift も ❷ Raise も「〜を上げる」と訳しますが、日本語で考えても答えは導き出せません。コアを学んで違いを確認していきましょう。

■ lift は「まっすぐ持ち上げる」

lift の CORE は「まっすぐ持ち上げる」です。

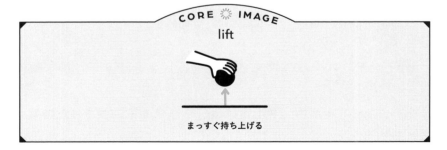

CORE IMAGE
lift

まっすぐ持ち上げる

スキー場の「リフト」（lift）は、誰もが聞いたことがあると思います。イギリスではエレベーターのことも lift と言います。

では、このコアをイメージして次の例文を見てください。

He lifted his baby out of its bed.
（彼はベッドから赤ちゃんを抱き上げた。）

ベッドから赤ちゃんを
まっすぐ持ち上げる

また、「万引きをする」と言うときにも lift は使われます。lift a magazine from a bookstore は「本屋で雑誌を万引きする」という意味です。これも、雑誌をスッと持ち上げる感じをイメージできますね。

PART 2

▌raise は「今よりも高く上げる」

では、raise のコアを確認しましょう。

raise の CORE ☀ は「今よりも高く（持ち）上げる」です。

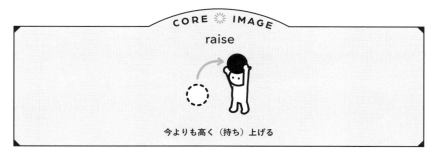

CORE ☀ IMAGE
raise

今よりも高く（持ち）上げる

ここで冒頭のクイズに戻りましょう。

「答えがわかったら手を上げてください」と言うとき、次の（　）
にあてはまる動詞として正しいものを選んでください。

（　　　　）your hand if you know the answer.

❶ Lift　　　❷ Raise

Ⓠの答えは❷の **Raise** が正解です。手の位置を今よりも高い位置
に上げることを要求しているので、raise your hand なのですね。「顔
を上げる」も同様に、raise your face です。

「今よりも高くする」というところから、「**数値・水準を**（現状よ
り）**上げる**」や「（声・調子などを）**強める**」と言うときにも使うこ
とができます。

The government tried to <u>raise</u> consumption taxes by 10 %.
（政府は消費税を 10 パーセント上げようとした。）

Mr. Nakamura <u>raised</u> his voice in anger.
（中村先生は怒りで声を荒らげた。）

また、「**ある状態よりも高くする・高くなる**」ということで、「**〜を栽培する**」「**〜を育てる／〜が育つ**」「**〜を飼育する**」という意味で使われることがあります。

He was born and raised in Tokyo.
（彼は東京生まれの東京育ちだ。）

raise がお金に使われると、「今の状態よりも高い額にする」ということで、「（資金などを）**集める**」という意味合いになります。

The students raised money for earthquake victims.
（生徒たちは震災の被災者のために寄付を募った。）

会議などで話し合っている場面を想定しましょう。現状では何の打開策もない場合、問題意識を高めるイメージで、「**問題提起する**」と言うときに、raise を使います。

He raised a question concerning the problem.
（彼はその問題に関する疑問を提起した。）

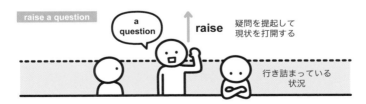

lift

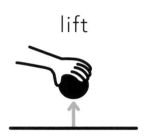

まっすぐ持ち上げる

raise

今よりも高く（持ち）上げる

1 lift の CORE ※ 「**まっすぐ持ち上げる**」を意識する。

2 raise の CORE ※ 「**今よりも高く（持ち）上げる**」を意識する。位置関係だけでなく、「**現状より高い状態**」を示す多様な状況で使われる。

移動動詞

pull / draw

draw pictures が「絵を描く」になるワケ

「引く」を表す **pull** と **draw** の違いをみていきましょう。

■「引く力強さ」を感じる pull

まず、**pull** の CORE ※ は「ぐいっと引く」です。

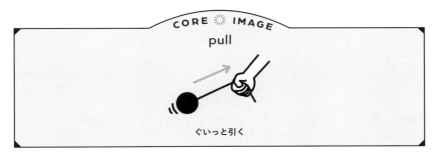

CORE ※ IMAGE

pull

ぐいっと引く

PART
2

力を入れて引く動作に焦点がある語です。

Pull harder. One more pull, and we'll win.
（もっと引いて。もう少しで勝てるぞ。）

A fish is pulling on the line.
（魚が引いている。）

a fish is pulling

pull

綱引きで力を入れて引いたり、釣りのときに、魚がかかって釣り
糸が引っ張られたりするといった感じがイメージできれば OK です。

少し応用編ですが、pull a face はどのような顔の状態でしょうか。これは「しかめっ面をする」という感じです。眉の周りの皮を引っ張って作った表情ということです。

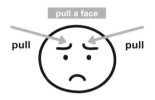

■「引いた結果」に焦点がある draw

さて、次は draw です。まずは、次のクイズを考えてみましょう。

「絵を描く」と言うとき、draw [paint] pictures と表現します。右のような絵の場合、draw と paint のどちらを使うでしょうか？

draw の **CORE** は「**ゆっくりなめらかに引く**」です。

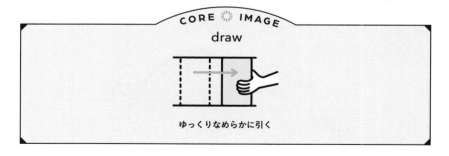

引く動作や引き寄せる力はそこには含まれていません。

She d<u>rew</u> the curtain and turned off the light.
（彼女はカーテンを閉め、明かりを消した。）

　カーテンを閉めるときは、引く力を加える必要はなく、「ゆっくりなめらかに引く」ので、draw が使われるのです。
　draw は引く力ではなく、「**引き出す**」という**結果に焦点**があるため、「銀行からお金を引き出す」も、<u>draw</u> some money out of the bank と言います。

　線を描く際にも draw a line、丸を描く際にも draw a circle と言います。「**ゆっくりなめらかに線を引く**」ということがイメージされるからですね。

draw a line　　　　　　　draw a circle

PART 2

　ではここで、さきほどのクイズに戻りましょう。
　ⓐの絵は線を鉛筆で引いたり重ねたりして描いたものですね。よって、ⓐの答えは、**draw** です。略図や設計図などにも draw を使います。paint を使うと、絵の具で描く感じになります。
　「**引き分け**」・「**（注意・関心などを）引く**」と言うとき、「引く」という日本語を使いますが、英語でも draw を使います。これらも、引く力ではなく、**引いたあとの結果**に焦点がある draw ならではの使い方だと言えます。

They d<u>rew</u> 5 to 5.
（試合は5対5で引き分けた。）

His speech d<u>rew</u> the attention of the audience.
（彼のスピーチは観客の関心を引き寄せた。）

▌pull の応用編

　draw の派生形の名詞である **drawer** は、「引き出し」という意味です。「**引き出されるもの**」ということで、draw を使っているわけです。実際に引き出しを引く動作は pull を使います。

He tried to pull the drawer out, but it wouldn't open.
（彼は引き出しを引こうとしたが、どうしても開かなかった。）

　また、**pull my leg** は、直訳すれば「足を引っ張る」ですが、「邪魔をする」といった日本語の意味合いとは異なります。「相手が自分の足をぐいっと引く」ということから「**からかう**」といった意味合いになります。

pulling my leg

　pull up で「**（車などが）止まる**」という意味があります。「引く」のになぜ「止まる」のか不思議に思いますよね。これは、昔、馬を制御する手綱を「ぐいっと引っぱり上げる（pull up）」ことで馬を止めたことに由来する表現です。

pull up

手綱を
ぐいっと引いて
馬が止まる

pull

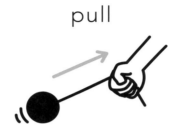

ぐいっと引く

draw

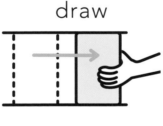

ゆっくりなめらかに引く

❶ pull の **CORE** ※ 「**ぐいっと引く**」を意識する。**ぐいっと引き寄せる力強さ**がある。

❷ draw の **CORE** ※ 「**ゆっくりなめらかに引く**」を意識する。**引いた結果**を重視する。

PART 2

PART
2

SECTION
10

（移動動詞）

throw / cast

映画の「キャスト」とはどんな意味?

はじめに次のクイズを考えてみてください。

「ゴミを捨てないでください」と言うとき、（　　）に入る動詞は何でしょうか?

Don't (　　　) away the rubbish.

　「捨てる」という日本語だけで考えてしまうと、なかなか出てこないかもしれませんが、 Ⓠ の答えは **throw** です。

　以前、知人から「もうその服、投げたほうがいいよ」と言われて驚いたのですが、すぐに「捨てる」の意味だとわかりました。東北地方の方言で「投げる」を「捨てる」の意味でも使うらしいのです。英語でも throw が「捨てる」という意味でも使われるのは面白いですね。

　では、まずは throw のコアからみていきましょう。

■力が込もっているのが throw

throw の **CORE** ※ は「**素早くさっと力を込めて投げる**」です。

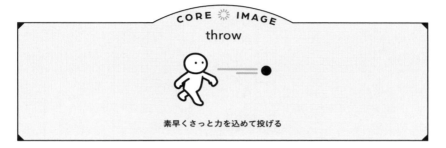

CORE ※ IMAGE
throw

素早くさっと力を込めて投げる

The boy threw the ball to the catcher.
（その少年はボールをキャッチャーに投げた。）

　ボールを相手に投げるように、「**素早く**」「**さっと**」という感じが throw のポイントです。相撲で相手を投げ飛ばすときは throw a sumo wrestler、ハンマー投げは hammer throw と言います。力が込もっているイメージをもってください。

　あるネイティブの先生が、英会話に自信のない生徒に "It's always good to throw yourself into more speaking opportunities."（話す機会を増やすことは常に良いことですよ）と言ったことがありました。ここで throw を使うことに新鮮な驚きと感動がありました。とにかく「自分をサッと英語が話されている環境に投げ出す」ことが大切だということですね。

▌いろいろと計算して放つのが cast

次に **cast** です。cast の **CORE** ※ は「**何かを計算して放つ**」です。

CORE ※ IMAGE
cast
何かを計算して放つ

「釣り糸を投げ込む」は cast a fishing line と言いますが、**いろいろと計算して投げ込む**という点が throw との違いです。「計算して」というところから、「**よく考えて**」ということになり、選挙で投票するときには cast a vote in an election のように使います。よく考えた結果、疑いなどを「**投げかける**」といったときにも cast を使います。「品質に疑いを向けた」だと、cast doubt on the quality of the products のように表現します。

また、映画などの出演者のことを cast（キャスト）と言うのは、cast の **CORE** ※ とどのような関係があるのでしょうか。

それは、cast の **CORE** ※「**何かを計算して放つ**」から、「**よく考えて（計算して）役を割り振る**」と展開したのです。だから cast は名詞で「出演者」、動詞で「役などを割り振る」という意味をもちます。

cast

彼は主人公にしよう

彼女　　　主人公　　　友人

throw

素早くさっと力を込めて投げる

cast

何かを計算して放つ

1 throw の **CORE** ☀「**素早くさっと力を込めて投げる**」を意識する。

2 cast の **CORE** ☀「**何かを計算して放つ**」を意識する。

除去動詞

clean / clear
1 文字違いで大きな違い

clean と clear をみていきます。これらは 1 文字しか違いませんが、表している意味内容は大きく違います。

では、まずは次のクイズを考えてみましょう。

散らかっている机の上を「片付けなさい」と言うときは、clean と clear のどちらを使うでしょうか？　　→ 答え p.129

(　　　　) the desk.

clean the desk も clear the desk もよく使う表現ですが、表す内容が違います。では、コアから違いをみていきましょう。

clean の **CORE** ※ は「汚れがないようにきれいにする」です。

CORE ※ IMAGE

clean

汚れがないようにきれいにする

一方、clear の **CORE** ✳ は「**邪魔なものを取り除く・澄んだものにする**」です。

CORE ✳ IMAGE
clear

邪魔なものを取り除く・澄んだものにする

パソコン操作などでも不要なデータを消去する際に「クリアする」と言いますね。

つまり、clean the desk は「**机を汚れがないようにきれいに拭く**」、clear the desk は「**机にある不要なものを片付ける**」といった意味合いになり、イメージされる状況は異なったものになります。

PART 2

clean the desk
机をきれいに拭く

clear the desk
机の上にあるものを片付ける

冒頭のクイズはもうわかりましたね。⒜の答えは Clear です。

▋汚れがないのが clean

　clean は形容詞でも「**きれいな**」という意味があります。動詞の場合も同様で、**CORE** ☀ は「**汚れがないようにきれいにする**」ですから、"Clean your hands." は「汚れがないように手をきれいにする」、つまり「手を洗ってきれいにしなさい」ということになりますね。また、「スーツをクリーニングに出した」と言う場合は、"I had my suit cleaned." のように言います。

　日本語でも「全部食べた」という意味で「きれいに食べた」と言うことができますね。英語でも clean one's plate で「（料理などを）平らげる」という意味で使うことができます。「皿の上にある食べ物をすべて食べて、きれいにする」というところからイメージできますね。

clean one's plate

▋取り除くのが clear

　clear の **CORE** ☀ は「**邪魔なものを取り除く・澄んだものにする**」です。clear the water with a filter は、「ろ過して、（邪魔なものを取り除いて）水を透明にする」ということです。"You'd better go outside and clear your head when you get sleepy."（眠くなったら、外に出て頭をすっきりさせたほうがいいよ）は、「（頭の中から眠気という邪魔なものを取り除いて）澄んだ状態にする」ということで、「（頭を）**すっきりさせる**」という意味で使うこともできます。

clear は **clear A of B** の形で「**A（場所など）から B（人や物など）を取り除く**」という意味でよく使われます。

He cleared the roads of snow.
（彼は道路から雪をどけた。）

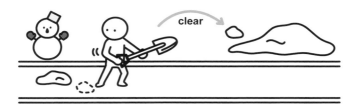

　喉や鼻の通りを邪魔しているものを取り除いて、「**（喉・鼻の）通りを良くする**」というときにも clear を使うことができます。

This spray helps clear a blocked nose.
（このスプレーを使えば、鼻の通りが良くなるよ。）

PART 2

　clear one's throat とすれば、喉にある邪魔なものを取り除くということで、「咳払いする」という意味になります。

　clear は邪魔なものを直接取り除く以外にも、「**邪魔なものを避けるように通過する**」というときにも使うことができ、「ハードルを越える」は clear a hurdle と言います。

　デパートなどで「クリアランスセール（clearance sale）」というのを耳にしたことがある人も多いと思います。「在庫一掃セール」の意味ですが、「（時期が過ぎて不要となった店の）在庫を取り除く」ということで clear の派生語 clearance が使われているのですね。

clean

汚れがないようにきれいにする

clear

邪魔なものを取り除く・澄んだものにする

❶ clean の **CORE** ※「**汚れがないようにきれいにする**」を意識する。

❷ clear の **CORE** ※「**邪魔なものを取り除く・澄んだものにする**」を意識する。

設置動詞

put / set

「傘を電車に置いてきた」が put でないワケ

まずはじめに、次のクイズに答えてみてください。

(　　　）に入る共通する 1 語を考えてみてください。

❶ **蛇口の下に手をかざすと、水が流れます。**

（　　　）your hand under the tap and water comes out.

❷ **84 円切手を封筒に貼ってください。**

（　　　）an 84-yen stamp on the envelope.

❸ **私は眠いとき、よく目薬をさす。**

I often（　　　）eye drops in my eyes when I'm sleepy.

❹ **今は遊びより仕事を優先すべきときだ。**

Now is the time to（　　　）duty before pleasure.

❺ **この文を英文に直しなさい。**

（　　　）this sentence into English.

　いかがでしょうか。「『かざす』『貼る』『さす』『優先する』『直す』など、そんな動詞あったかな？」と記憶の中から覚えている英単語を引き出そうとしたのではないでしょうか。しかし、この Q の答えはいたってシンプルで、正解はすべて put です。「put＝置く」と覚えていた人には、想像もつかないことかもしれませんね。実は、put に「置く」という意味はないのです。put を使いこなすためには、「置く」という日本語訳を頭から消してから考えていくことにしましょう。

▌場所情報が大切な put

put の CORE ✳は「**何かをどこかに位置させる**」です。

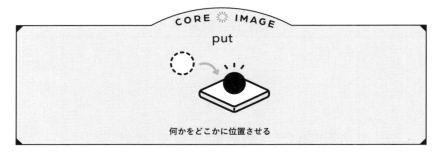

「何か」をもともとあった場所から「どこかに」移動させる感じなので、**場所情報**が必要になります。

⒬ ❶ の "Put your hand under the tap …" では「蛇口の下に」(under the tap) という場所情報がきていますね。

⒬ ❷ "Put an 84-yen stamp on the envelope." も、「貼る」と訳されていますが、「84 円切手を封筒に位置させる」ということです。

⒬ ❸ 「目薬をさす」も「さす」という日本語に惑わされることなく、「目薬を目に位置させる」と考えればよいですね。

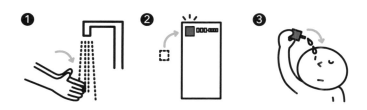

このように、「**置くもの**」と「**置く場所**」によって対応する日本語が違うので、日本語に惑わされないことが大切です。

〈どこかに〉	〈何かを〉	〈位置させる〉	
机に	本を	置く	(put a book on the table)
花びんに	花を	生ける	(put a flower in a vase)
フックに	帽子を	かける	(put a hat on a hook)
箱に	荷物を	入れる	(put luggage in the box)
ご飯に	卵を	かける	(put egg on rice)
彼に	責任を	負わせる	(put the blame on him)

　Ⓠ ❹ の "Now is the time to put duty before pleasure." も一見すると、場所情報がないように感じられますが、「仕事」を「遊びよりも前に」位置させるということで、before pleasure がその役割を果たしています。

▌意外な put の使い方

　Ⓠ ❺ の "Put this sentence into English." も「この文」を「英語という言語空間の中に」位置させるということで、into English が移動先を示し、「**この文を英語に置き換える（翻訳する）**」といった意味合いになることがわかります。

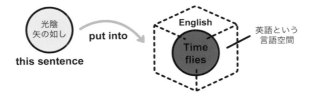

　同様の例として、次の文をみてみましょう。

It is important to put theory into practice.
（理論を実践することが大切だ。）

これも、問題集などでは、put A into practice で「**A を実行に移す**」とありますが、「A を実践という場に位置させる」と考えれば、put を使う理由がすぐにわかりますね。

　「**何かをどこかに位置させる**」という **CORE** から、「**ある言葉を別の言い方に置き換える**」ように展開し、「**表現する・言う**」といった意味合いで使われる例をいくつかみてみましょう。

If you don't understand, I'll try to put it another way.

 私が言ったこと（it）を別の言い方（another way）に置き換える。
（もし、あなたが理解できていないなら、別の言い方をしてみるよ。）

To put it briefly, I don't agree with your plan.

 これから述べること（it）を手短な言い方（briefly）に置き換える。
（手短に言えば、私はあなたの計画には賛成しない。）

■日本語の「置く」に注意

　では、基本語力がついてきているかをたしかめるために、次のクイズに挑戦してみましょう。

考えてみよう！
Q

次の状況を英語で表してみましょう。

❶「電車の中に傘を置いてきてしまった」と言う。
❷「この店は卵を置いていますか」とたずねる。

　「put＝置く」で学んできた人は、"I put my umbrella on the train." や、"Do you put eggs in this shop?" などとしてしまうかもしれませんね。しかし、これが間違いである理由がわかれば、put を使いこなす力がかなりついている証拠です。

put は「どこかに」という**場所情報（移動先）を示す必要がある**動詞です。on the train や in this shop はモノの移動先を示しているわけではありません。put にすると、意識的に傘を電車の中に移動させたり、卵を店の中に移動させたりすることになり、示す状況が異なってしまいますね。

　よって、@の答えは、❶ "I left my umbrella on the train."
　　　　　　　　　　　❷ "Do you have eggs in this shop?" です。

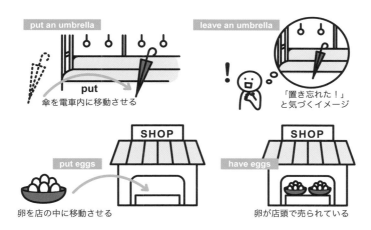

put an umbrella

leave an umbrella

put
傘を電車内に移動させる

「置き忘れた！」と気づくイメージ

PART 2

put eggs
卵を店の中に移動させる

have eggs
卵が店頭で売られている

▊ put と set の違い

　次に、put に意味が似ている **set** についてみていきましょう。put some dishes on the table と set some dishes on the table はどう違うでしょうか。次の2つのイラストを比較してみてください。

put some dishes on the table

set some dishes on the table

put の **CORE** ☀ は、「**何かをどこかに位置させる**」なので、食事を盛った皿がテーブルに置いてあれば、どこに置くかは問題ではないですね。

　一方で、set の **CORE** ☀ は「**定められた位置に据える**」です。

　置く位置がきちんと決められているのが set です。

　運動会の陸上競技で、「位置について、よーい、どん！」は、英語では、"On your mark, get set, go!" と言います。「定められた位置に」というコアから set を使う理由がイメージできますね。

　「美しい写真を撮るためにカメラをセットした」と言うときも、「**定められた位置**」が重要なので、set を使います。

He set up a camera to take beautiful pictures of Mt. Fuji.
（富士山の美しい写真を撮るためにカメラをセットした。）

日本語でも「髪をセットする」とか「目覚まし時計を6時にセットする」という言い方をしますが、英語でも set を使います。

She had her hair washed and <u>set</u>.
（彼女は髪を洗い、セットしてもらった。）

I always <u>set</u> the alarm for six.
（私はいつも目覚まし時計を6時にセットしている。）

「髪をセットする」も「定められた位置にきちんと整えておく」ということです。「目覚まし時計を6時にセットする」も、**"6" の位置に時計の針を設定しておく**」ということで、set を使う理由がわかりますね。

her hair set
髪を
決められた位置に
整えておく

set the alarm for six
"6"の位置に
時計の針を設定しておく

　では、「太陽が沈む」と言うときは、どう表現しますか。「沈む」という日本語だけで考えてもわかりませんよ。太陽が「**定まった位置に沈む**」と考えると "The sun has started to <u>set</u> earlier every day."（日の入りが毎日早くなってきた）になることがすんなりと理解できるでしょう。

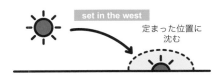

set in the west
定まった位置に
沈む

　"I'm all <u>set</u>." はどういう意味でしょうか。これは、「私が定められた位置に完全に据えられている」ということから、「**準備万端**」ということです。

また、set out で「出発する」という意味合いで使うことがありますが、これも、考え方は同じです。つまり、「**きちんと準備をした状態で、外に出る**（out）」ということですね。

　次の文にも set の持ち味が活かされています。

A world record was s̲e̲t̲ here today.
（今日、世界記録がここで打ち立てられた。）

　公式の記録があり、「**新しい世界記録がそこに据えられた**」ということですね。このように、「定められた場所に据える」ということは、「**あるべき場所**」が示されているわけで、置かれたものが「**動かない**」ことが望ましいことになります。set one's mind は「気持ちを固める」という意味で、このイメージの応用です。

　set は「**定められた位置に据える**」というコアから、名詞になると、「（バラバラだったものが）定められた位置に据えられる→**ひとまとまり**」となり、「**一式（セット）**」と使われるようになりました。stationery s̲e̲t̲（文房具セット）などと言いますよね。テニスの１ゲームなども「セット」と言いますが、これも「ひとまとまり」の感覚です。ちなみに、飲食店で使う「○○セット」には要注意です。ランチセットは a lunch special ですし、ファーストフード店のハンバーガーセットは、hamburger combo といった表現を使うのが普通です。

put

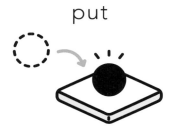

何かをどこかに位置させる

set

定められた位置に据える

❶ put の CORE ☀ 「**何かをどこかに位置させる**」を意識する。「ど こかに」という**移動先を示す場所情報**が必要。

❷ set の CORE ☀ 「**定められた位置に据える**」を意識する。「**きち んと**」「**慎重に**」という意味合いが含まれる。

PART
2

（獲得動詞）
catch / hold / keep
インフルエンザは catch できて、がんは catch できないワケ

■ catch, hold, keep のイメージ比較

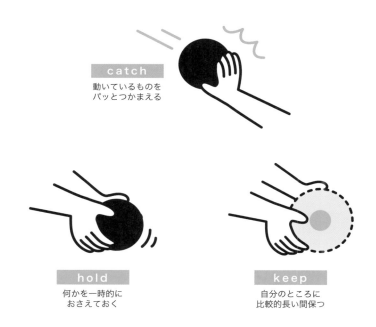

catch
動いているものを
パッとつかまえる

hold
何かを一時的に
おさえておく

keep
自分のところに
比較的長い間保つ

■同じ「とる」でも違いがある

何かを「とる」といえば、**catch, get, take** が思い浮かぶでしょう。では、これらをどのように使い分けるのでしょうか。まずは次のクイズに挑戦してみましょう。

考えてみよう！

次の状況のとき、catch が使えるのはどれでしょうか？

❶ 友だちが投げたボールをとるとき。
❷ 試験中、机から消しゴムを落としてしまい、「とってください」
　と言うとき。
❸「コンサートのチケットをとった」と言うとき。

　どうでしょうか。日本語ではどれも「とる」と表現しますが、英語では状況に応じて、使い分けが必要です。
　⬤の答えは、❶です。ここではどんなときに catch が使えるのかを中心に学んでいきましょう。

catch の CORE ⁂ は「動いているものをパッとつかまえる」です。

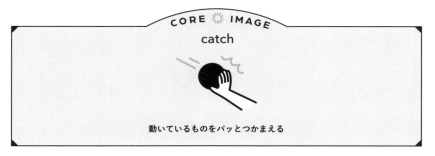

CORE ⁂ IMAGE
catch

動いているものをパッとつかまえる

　⬤❶の「**動いているボールをキャッチする**（catch a ball）」というのが catch の典型的な使い方です。

　魚釣りで、魚をとるは、catch fish です。釣り糸から動きが伝わってくるようなイメージですね。take fish になると、釣った魚が並べてあって、そのどれかを手にとって選ぶ感じになります。また、家に帰って、魚をとったことを報告する場合は、"Today I got five fish."（今日、5匹魚を釣ったよ）のように get を使います。

PART
2

次の例をみてみましょう。

He suddenly caught me by the arm.
（彼は突然、私の腕をつかんだ。）

　この例も、「動いている私の腕をつかむ」という感じで、臨場感が伝わってくる表現です。

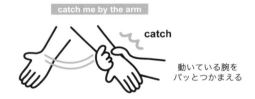

　「先に行っているよ」と言われたときに、"Catch you later." と答えれば、「後で追いつくよ」という感じです。先に動いている相手をパッと捉えるというイメージですね。

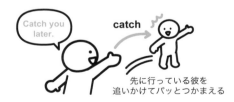

　また、実際に動いているわけではないですが、まさに**動こうとしている電車をパッとつかまえる**というイメージで、**「間に合う」**という意味となり、次のように使うことができます。

I barely caught the last train.

（何とか終電に間に合った。）

`catch the train`

　実際には目に見えないウイルスなどにも、catch は使えます。ウイルスは、感染性があるため、**「動いて移動する」** と捉えられているからでしょう。

I must have caught a cold.

（風邪を引いたに違いない。）

`catch a cold`

catch

動いているウイルスを
捉えてしまう

　そのほかにも、catch the flu（インフルエンザにかかる）、catch norovirus（ノロウイルスに感染する）など、**感染性のあるもの**には catch を使います。ただし、catch cancer とは言えません。がんは感染性のあるものではないからです。

　では、「指をドアにはさまれた」と言うときは、どう表現するでしょうか。

I got my finger caught in the door.

I caught my finger in the door.

　このような表現がすぐに思いついたでしょうか。ドアに「**動いている指をパッととられてしまった**」というイメージですね。日本語で考えるのではなく、どのような状況かをイメージして、基本語を対応させて考えることが大切です。

■「一時的に」おさえるのが hold

　バレーボールで holding（ホールディング）という反則があるのを知っていますか。これはボールの動きを止めてしまう反則のことです。手でボールをつかんでしまったり、レシーブ時に両腕の中にボールがはさまってしまったり、トスですぐにボールをはじき返せず、ボールをもってしまったような状態のことをさします。

　さて、ここで使われている **hold** にはどのような意味合いが隠されているのでしょうか。まずは、hold のコアから確認しましょう。

　hold の **CORE** は「**何かを一時的におさえておく**」です。

CORE IMAGE
hold

何かを一時的におさえておく

　ポイントは「**一時的に**」ということです。

対象がモノであれば、「一時的にボールをもつ」（hold the ball）といった意味合いになります。では、次の例はどうでしょうか。

Hold on a minute.
（ちょっと待ってて。）

Hold the line, please.
（〈電話を〉切らないでちょっと待ってて。）

Hold your tongue.
（ちょっと黙っていてくれない？）

　これらの表現は会話でもよく使います。すべて「**一時的にある状態をおさえておいて**」ということですね。Hold your tongue. は面白い表現ですよね。会話をしているときは、舌（tongue）が動いており、**その動きを一時的に止めておく**ということから、「ちょっと黙る」といった意味合いになることがわかりますね。

　レントゲンを撮るときなどに言われる「息を吸って〜、はい止めて」を英語で表現すると、"Take a deep breath and hold it." です。息を自分のところにとりこむので take を使い、**息を吐かずに一時的にそこで止めておく**ので、hold を使うわけです。単語帳を見ても、hold に「止める」という訳語は載っていませんが、コアを学習することで、「息を止める」を英語で表現するときに hold という単語がイメージできるようになります。

　また、重い荷物を2人で運んでいて、そっと置くときに次のような言い方をします。

Hold it, hold it, … easy.
（ゆっくり、ゆっくり、下ろして。）

　hold it の it は荷物をさしており、「**一時的にまだもっておいて**」という感じで指示を出しているわけですね。

easy
（下ろした状態）

hold it
hold it

　このように、hold が何をおさえるかによって、意味合いが異なってきます。hold の CORE ✴ は「**何かを一時的におさえておく**」で、モノを一時的におさえれば「**持つ**」になり、動きを一時的におさえておけば、「**（動きを）止める**」という意味になります。

hold

動かないもの
↓
「手で一時的にもつ」

動いているものを
一時的に手にもつ
↓
「動きを止める」

　hold は hold a party（パーティーを開く）や hold a meeting（会議を行う）など、「何かの機会を設定する」というときにも使います。これも、「**機会や場を一時的におさえておく**」というイメージですね。

　次のような表現がよく使われますが、これも同じイメージです。

The Los Angeles Olympics will be held in 2028.
（ロサンゼルスオリンピックは 2028 年に開催されます。）

　オリンピックの場所は毎回変わるので、2028 年夏に「**場所を一時的にロサンゼルスにおさえておく**」という感じですね。

keep は hold との違いで理解する

keep は「キープする」など、日本でもよく耳にする言葉ですね。

次のイラストはそれぞれオーストラリアとアメリカの道路標識で、車道の「左側通行」「右側通行」という意味です。

車両左側通行の
オーストラリアの標識

車両右側通行の
アメリカの標識

では、ここでの keep の意味とは何でしょうか。hold とはどのように違うのでしょうか。まずは、keep のコアを確認しましょう。

keep の **CORE** は「**自分のところに比較的長い間保つ**」です。

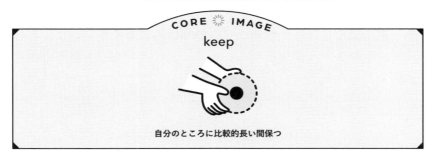

CORE ✺ IMAGE
keep

自分のところに比較的長い間保つ

keep のポイントは「比較的長い間保つ」ということで、「**もっておく**」と「**ある状態を維持する**」という意味合いが生まれます。

keep のコアをよく知るために、hold との違いを意識して学ぶことが大切です。

PART
2

たとえば、「ドアを開けたままにしておいて」と言う場合、"Hold the door open." とも、"Keep the door open." とも言えますが、状況が異なります。hold を使う場合は、「ドアが閉まらないように**一時的に手でドアを押さえておいて**」という感じで、押さえておかないとドアが閉まってしまうという変化が読みとれる表現です。一方で、keep を使う場合は、「**ドアが開いた状態をそのままに維持しておいて**」という意味合いになります。

　では、ここでクイズです。

A 一緒に食事に行った相手に「お釣りは返さなくていいよ。とっておきなよ」と言うとき、hold と keep のどちらを使うのが適切でしょうか？

You can (hold / keep) it.

B 「彼女が赤ちゃんを腕に抱いている」という状況のとき、どちらの英文が正しいでしょうか？

❶ She is holding the baby in her arms.
❷ She is keeping the baby in her arms.

　いかがでしょうか。これが自信をもって選べれば、hold と keep の違いについては理解が十分に深まっていると言えます。

まず、 ⓠ-Ⓐ の答えは **keep** です。hold にしてしまうと、「今だけ一時的にもっていて」というニュアンスになってしまいます。ここでの意図は、「**返さずにもっていていい**」ということなので、「比較的長い間」の keep が適切です。

　次に、 ⓠ-Ⓑ ですが、「**進行形**」の文であることに注目しましょう。hold は「**一時的**」であることがポイントです。**動作性**が感じられ、「**今まさにしている**」という進行形と相性が良い動詞です。一方でkeep は「**比較的長い間**」であることがポイントです。**状態**が強調され、「**動きや変化が感じられない**」ことから、進行形にすると不自然さが出てしまうのです。よって、 ⓠ-Ⓑ の答えは、❶です。

　keep は「**自分のところに比較的長い間保つ**」というコアをもつことから、次のように、「**長い間その状態を維持する**」必要がある語と結びつくことが多くなります。

keep a diary	☀ 日記をつける状態を維持する	（日記をつける）
keep early hours	☀ 早い時間を維持する	（早寝早起きをする）
keep our promises	☀ 約束した状態を維持する	（約束を守る）
keep in touch	☀ 連絡をとり合う状態を維持する	（連絡をとる）
keep a large family	☀ 大家族がいる状態を維持する	（大家族を養う）
keep working	☀ 働いている状態を維持する	（働き続ける）

PART
2

catch

動いているものをパッとつかまえる

hold

何かを一時的におさえておく

keep

自分のところに比較的長い間保つ

❶ catch の **CORE** 「**動いているものをパッとつかまえる**」を意識する。

❷ hold の **CORE** 「**何かを一時的におさえておく**」を意識する。モノであれば、「**一時的にもつ**」で、動作であれば、「**一時的に動作を止める**」という意味合いになる。**動作性**が感じられるため、進行形にできる。

❸ keep の **CORE** 「**自分のところに比較的長い間保つ**」を意識する。「**比較的長い間**」がポイントで、**状態**が強調され、基本的には進行形にしない。

(破壊動詞)

break / cut

急に人気が出ることを「ブレークする」というワケ

■「形のあるものをコワス」のが break

break に関する表現といえば、「あの芸人が昨年ブレークした」「アイスブレーク」「コーヒーブレーク」「ウインドブレーカー」などさまざまです。また、「朝食」も英語では、breakfast と break が使われています。

では、みなさんが知っている break の意味は何でしょうか。多くの人が「壊す」と答えるでしょう。ですが、上で挙げたような「ブレーク」の意味は「壊す」とは無関係のように感じませんか。そんな「ブレーク」のなぞを、一緒に解明していきましょう。まず、break の CORE ※ から確認していきます。

PART
2

break の CORE ※ は「**モノ・流れをコワス**」です。

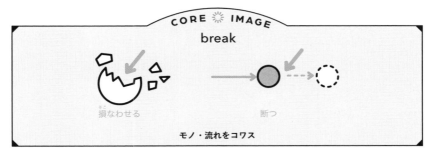

CORE ※ IMAGE
break

損なわせる　　　　　　　断つ

モノ・流れをコワス

モノの場合であれば、形が損なわれることになります。実際、「壊す」という日本語をあてる以外でも、効力が損なわれたり、流れが中断されたりする状況で、break を使うことができるので、コアの表現をカタカナの「**コワス**」と表記しています。では、例をみてみましょう。

break a computer （コンピューターを壊す）

break an egg （卵を割る）

break a branch off a tree （木の枝を折る）

break his leg （足を骨折する）

break the skin on his knee （ひざをすりむく）

break bread （パンをちぎる）

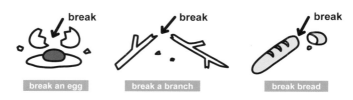

break an egg　break a branch　break bread

「割る」「すりむく」「ちぎる」などの状況で break が使えるというのは、意外ではないでしょうか。ですが、これらはすべて「**形があるものを損なわせる**」ということで共通していますね。

ではここで、クイズです。

銀行で、次のように言ったとき、どんな意味になるでしょうか？

Can you break a hundred-dollar bill?

もちろん、「100 ドル札」を実際にビリビリ破ることではないですよ。100 ドル札を「いくつか束になっている価値のカタマリ」として形のあるものとして捉え、その価値を細かく break するというイメージですから、この ⓠ の答えは「**100 ドル札をくずす**」です。

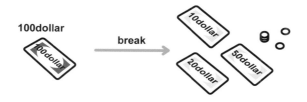

100dollar　break　10dollar 50dollar 20dollar

■「形のないもの」を「形がある」と見立てる

　形がないものであっても、「**形のあるもの**」に見立てて表現することがあります。日本語でも、「心身が壊れそう」のように、「壊れる」という表現を心理状態に使うことができるように、英語でも break で表現することができます。「心」が傷つく場合は、**break one's heart** のようになります。

　また、**a broken heart** とすると、多くの場合、「**失恋**」のことをさします。

break one's heart

break

　また、break a secret code はどういう意味でしょうか。同じように考えてみてください。「secret code（暗号）」を形のあるものと捉え、それを break するというイメージです。ここから、「暗号を解く」といった意味合いになることがわかりますね。

PART 2

　では、"The Times broke the news of her death." はどんな意味でしょうか。break the news や breaking news は非常によく使われる表現です。さきほどの説明を思い出してください。news が入っている入れ物のようなものがあると仮定してください。**情報が入った入れ物をコワス**ことによって、**その情報が外に出ていく**イメージです。「コワシて出ていく」という感じなので、「**突然〜を発表する**」といったニュアンスになります。

The Times broke the news of her death.
（タイムズ紙は彼女の死を公表した。）

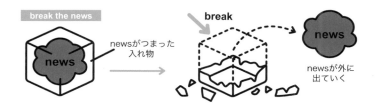

　「そのお笑い芸人が昨年テレビでブレークした」というのは、"The comedian broke into TV shows last year." と表現できます。これも**（入れ物をコワシて、入っていたものが）突然出てくる**」というイメージですね。

■「流れをコワス」の break

　ここからは、「**流れをコワス**」という break の使い方をみてみましょう。具体的には次のような例があります。

break a smoking habit（喫煙の習慣を断つ）
break the silence（沈黙を破る）
one's voice breaks（声変わりをする）

　break の対象となっているものは「形のあるもの」ではありませんね。習慣・継続的な調子・状態など、**続いてきた「流れ」をコワス**ことで、「**止める**」というニュアンスが生まれてきます。「喫煙」などといった「（流れるように）続けてきたもの」をコワスことで「習慣を断つ」、「沈黙」という空気の流れをコワスと「沈黙を破る」といった意味合いになります。one's voice breaks は少し意外な使い方かもしれませんが、「これまでしゃべってきた声のトーンや音調」がコワレルことで、声の「**変化**」を示すことができるのです。

車のエンジンブレーキのブレーキ（brake）も、break の関連語であり、「**車が動いているという流れをコワス**」ことで「**停止する**」というブレーキの意味が出てきます。ウインドブレーカー（windbreaker）も「**風が吹いてくる流れを止めて、遮る**」ためのものですよね。それから、breakfast も break + fast であり、「**断食（fast）していた時間の流れを止める（break）**」というところからきている言葉です。もともとは、断食を止めて最初に食べる食事のことを breakfast と言ったようです。

brake
ブレーキをかけて動きを止める

windbreaker
風の流れを止める

　また、日本語で「破る」にあたる表現で、break を使うことがあります。

break one's promise（約束を破る）
break the law（法律を破る）
break the world record（世界記録を破る）

　これらの例では、keep one's promise（約束を守る）、keep the law（法律を守る）、keep the world record（世界記録を維持する）と言えるように、「効力があるもの」を流れと見立て、それをコワスということで、break が使われているのです。

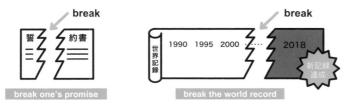

break
誓書　約書
break one's promise

break
世界記録　1990　1995　2000 ……　2018
新記録達成
break the world record

■ 自動詞用法の break

　自動詞用法でも break のコアが活かされています。次の例をみてみましょう。

Waves <u>broke</u> against the rocks.
（波は岩に当たって砕け散った。）

Let's <u>break</u> for lunch.
（昼休みにしよう。）

Dawn is <u>breaking</u>.
（夜が明けかかっている。）

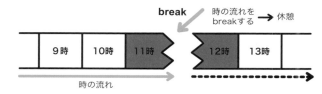

　自動詞用法での break も「**形・流れがコワレル**」というコアで共通しています。「波が岩に当たって砕けた」は「形がコワレル」という例ですね。<u>break</u> for lunch は「**今まで何かを行っていた時間の流れをコワシて、昼食にする**」ということから、「昼休みにしよう」といった意味合いです。have a coffee <u>break</u> のように名詞で break を使うときも「休憩」といった意味です。「夜が明ける」ときに break を使うのも面白いですね。暗闇にひびが入り、太陽の日が入ってくるのが「夜明け」のイメージなのです。「夜明け」は名詞で、daybreak と言うことができます。

■「スパッと切る」のが cut

次は **cut** です。break と似ているように思われがちですが、実は大きな違いがあります。

cut の **CORE** ✳ は「**鋭利なものでスパッと切る**」です。

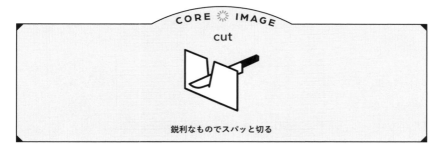

cut には「**切り込みを入れる**」と「**切り離す**」という 2 つの視点があることに注意をしてください。

I was impressed by the bride and groom's <u>cutting</u> the wedding cake.
（私は新郎新婦がウエディングケーキに切り込みを入れたことに感動した。）

新郎新婦がケーキに切り込みを入れた瞬間は cut ですが、しっかり切り分けて、皿に入れて配るときも cut です。

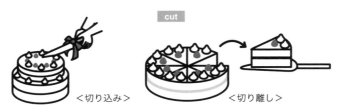

▌切り込みを入れる cut

cut my finger は「指を切る」ということですが、これは「**表面に傷をつけてケガをしてしまった**」という「切り込み」の例です。指を切断するということではありませんよ。

次のように、「切り込みを入れて〜する」ときにも使います。

My mother cut the milk carton open with scissors.
（母は牛乳パックをはさみで切って、開いた。）

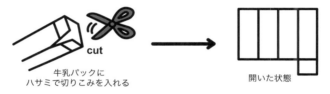

▌切り離しの cut

次に、「切り離し」の例をみていきましょう。

cut costs to a third （コストを 1/3 に削減する）

「**コストを削減する**」というときにも cut を使います。切り離した結果、「**減らす**」の意味合いが出てくるのですね。

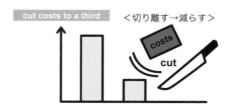

「切り離す」という場合には、**「切り離して分ける」**といった状況でもよく使います。

My mother cut a cake into three pieces for the children.
（母は子どもにケーキを3つに切り分けた。）

　また、「切り離す」というところから、**「離してやめる」**といった意味にもなり、"Will you cut the talking, please?" で「おしゃべりをやめてくれませんか」といった意味合いになります。同様の例として、「授業をサボる」は cut the class と表現します。映画監督が撮影を止める際に Cut! と叫ぶのも、「行われていた撮影の流れ（フィルム）を切って、止める」というところからきているのです。

break

損_{そこ}なわせる　　　　　　　　　　　　断つ

モノ・流れをコワス

cut

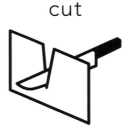

鋭利なものでスパッと切る

❶ break の CORE ❋ 「**モノ・流れをコワス**」を意識する。形のあるものをコワス場合は「**破損する**」、流れをコワス場合は「**中断する**」という意味合いになる。

❷ cut の CORE ❋ 「**鋭利なものでスパッと切る**」を意識する。「**切り込みを入れる**」と「**切り離し**」の2つの視点がある。

PART

3

前 置 詞 の コ ア

前置詞は学習者が最も苦手とする項目の1つでありながら、どんな英文にも必ずといっていいほど登場します。PART3では、「前置詞の意味はたくさんあって複雑」という印象を払拭し、前置詞のもつ表現の豊かさを感じましょう。

前置詞とは？

日本語に当てはめての理解は不可能

「**前置詞**」という品詞はその重要性のわりに、果たす役割を十分に理解できていない人が多いようです。

英語は「前置詞言語」と言っていいほど、前置詞が重要な役割を果たします。ところが、これを日本語に当てはめて理解しようとするとたちまち、次のような壁にぶち当たります。

> at night（夜に）/ at 3 o'clock（3時に）
> in the morning（朝に）/ in 1987（1987年に）
> on Monday（月曜日に）/ on April 12th（4月12日に）

at、in、on と違う単語を使っているのにもかかわらず、日本語ではすべて「〜に」と訳せてしまいます。つまり、日本語訳を当てはめて前置詞を理解することは、原理的に不可能なのです。

▌前置詞の役割とは？

前置詞とはその名のとおり、「名詞の**前**に**置**く**詞**（コトバ）」と書きます。たとえば、in the box だと、名詞 the box の前に置かれている in が前置詞です。では、どういうはたらきをするのか、日本語とくらべてみましょう。

〈日本語〉　箱の中のリンゴ

〈英　語〉　an apple in the box

日本語と英語では、語順が逆になっていますよね。日本語では、位置関係を説明するコトバ（の中の）が説明したい名詞（リンゴ）の前にきていますが、英語では、先に説明したい名詞（apple）を示し、その位置関係を後ろに置く前置詞句（in the box）によって明らかにするという構造になっています。

　また、前置詞は次のように**空間的な位置関係**を示すのが基本です。

in the east（東に）/ at the station（駅で）/ on the table（机の上に）

　これらは物理的空間を示しますが、次のように、時間・心理状態・社会関係を空間に見立てて、意味を拡張して使うことができます。

時　間	in 1987 / at night / on April 12th
心理状態	in love（恋愛中で）/ at ease（気楽に）/ on my mind（気になって）
社会関係	in a tennis club（テニス部で）/ at work（仕事中で）/ on business（仕事中で）

　ここからの PART 3 と PART 4 では前置詞の CORE☀ について、イメージとともに学んでいきます。1つのイメージがいろいろな場面で使われることで、さまざまな意味合いをもってきます。大切なのは「**共通点は何か**」を考えることと、似たような語は「**くらべて違いを理解する**」ことです。PART 3 と PART 4 を読み終わるころには、難しくてよくわからなかった前置詞のイメージが違ったものになっているはずです。

PART 3

in / on / at

全部「〜に」で訳せる前置詞

■ in と on と at のイメージ比較

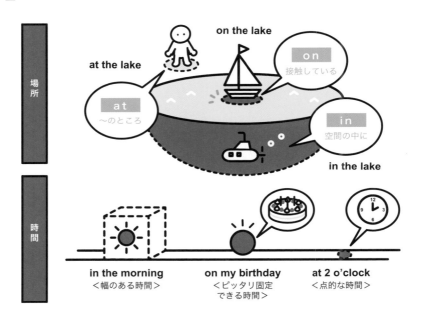

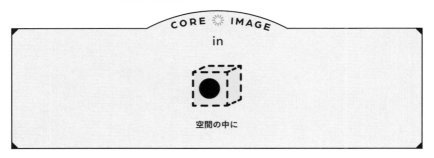

■ 前置詞 in のコア

in の **CORE** ☀ は「**空間の中に**」です。

CORE ☀ IMAGE

in

空間の中に

「**空間**」がポイントです。ここで、さっそくですがクイズに答えてみてください。

「太陽は東から昇り、西に沈む」という日本語は、英語ではどう表現するでしょうか？

　どうでしょうか。日本語に引きずられて、from the east や to the west にしてしまった人はいませんか。

　英語的な発想では、「昇る」場所も、「沈む」場所も、**広がりのある「空間」**とみなされます。

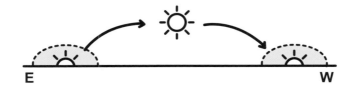

　ということで、Ⓠの答えは、"The sun rises in the east and sets in the west." となります。

　では、「彼女は白いコートを着ている」なら、どう表現するでしょうか。wear のような動詞でも表現できますが、前置詞を使って "She is in her white coat." とすれば OK です。彼女が白いコートの中に包みこまれている感じですね。この「**囲まれている**」感じも、in の大切なイメージです。

in her white coat

in

■ 抽象的な空間も in で表せる

抽象的・心理的な空間も in を使って表現することができます。

He is <u>in</u> love with her.
（彼は彼女に恋している。）

love　　　　　　　恋愛空間（**love**）にいる（**in**）

　さきほどの例の「白いコート」を「恋愛という心理状態」に置き換えてみると、「恋愛空間の中にいる状態」ということが理解しやすいでしょう。 **PART 2** の fall <u>in</u> love with（〜と恋に落ちる）でもふれましたね（→ p.097）。

　また、心理状態だけでなく、次のように、学校や所属団体・会社など、**社会的な組織**も、空間と見立てて表現することができます。

They are <u>in</u> a table tennis club.
（彼らは卓球部に入っている。）

■ 時間を空間に見立てて表現する in

　次のように、**時間**を空間に見立てて表すこともできます。

He was born <u>in</u> 2001.
（彼は 2001 年に生まれた。）

　ここでは、次ページの図のように、2001 年を **1 つの幅のある時間空間**と捉えて in を使っています。<u>in</u> the morning［afternoon / evening］, <u>in</u> summer, <u>in</u> April など、期間・季節・週や年月など、**幅**

のある**時間**に用いられることを理解しておきましょう。

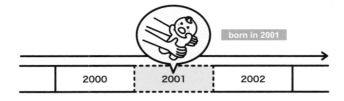

▌前置詞 on のコア

on を「〜の上に」と覚えている人が多いのですが、それだけでは on の本質を捉えることはできません。on を理解するうえで一番大切なのは、on の CORE である「**接触している**」をしっかりと意識することです。

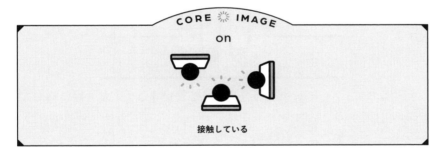

次の例をみてみましょう。

She wears a ring <u>on</u> her little finger.
（彼女は小指に指輪をはめている。）

これを「小指の上の指輪」と訳してしまっては、状況をきちんと

捉えきれませんね。「指輪」が小指に「接している」ということから、「はめている」という意味になるのです。

▊面・線への接触の場合の on

接触は主に、**「面・線」に接触する場合**と、**「点」に接触する場合**があります。まず、「面・線」に接する場合をみていきましょう。「（船・飛行機など）に乗って」と言うときは、on board を使います。board はもともと「板」という意味ですが、その面に接することをイメージできますね。

All the passengers should be <u>on</u> board.
（乗客のみなさま、ご搭乗ください。）

「国境の町」は a town <u>on</u> the border と言います。「国境線に接している町」ということですね。

では、ここでクイズに挑戦してみましょう。

次の状況を参考にして、（　　）にあてはまる前置詞を入れなさい。

状況：**私は海沿いに住んでいる**

I live（　　　　）the coast.

どうでしょうか。反射的に live in にしてしまった人はいませんか。大切なのは、状況を理解して、それにふさわしい前置詞を選択することです。動詞が前置詞を決めるわけではありません。もう一度、状

況を思い浮かべてください。

　伝えたい意味は「海沿い」、つまり、住んでいる家が「**海岸線に接している**」ということです。⒬の答えは **on** です。in のコアは「**空間の中に**」ですから、live in the coast にしてしまうと、「海岸線の中に住んでいる」ことになってしまいますよ。

　少し抽象的な例になりますが、「〜に頼る」という意味で、depend on, rely on, count on, fall back on などがあります。ここでは、すべて on が使われています。「頼る」は、英語では「**何か・誰かに接する**」イメージなのですね。

PART
3

A lot of students are financially dependent <u>on</u> their parents.
（多くの学生は経済的に両親に依存している。）

　「依存している」ということは、言い換えれば「支えとしている・もとにしている」ということですね。このことから、on に「**〜に基づいて**」という意味合いが出てきます。be based <u>on</u> や <u>on</u> condition [the grounds] that …（〜という条件に基づいて）というイディオムにも on が使われている理由がわかりますね。

点への接触の場合の on

次に、**点への接触**の場合の on をみてみましょう。

"the fish on the hook" は「針にかかった魚」ということですが、「針」という点に魚がひっかかっているイメージです。

点への接触を、**1 カ所に集中させる**という英語表現に応用させることもできます。focus on「〜に集中する」や concentrate on「〜に専念する」がその代表例です。また、次の例の spend A on は「A を〜に使う」という意味ですが、「A を〜に集中させて使う」ということです。

She spent money on her looks.
（彼女は外見にお金を使った。）

お金を顔に
集中させている

何人かで昼食をして、会計のときに、"The lunch is on me." と言えば、「昼食でかかったお金をすべて私のところにまとめ（集中させ）る」ということで、「昼食は私のおごりだ」という意味になります。

The lunch is on me.

私のところにお金を
集中させる

次に、応用例をあげますが、ここまでの解説をもとに考えてみましょう。

This is a book on English prepositions.
（これは英語の前置詞に関する本です。）

　これはよく「話題の on」と説明されますが、about とは違いがあります。on の「**接触している**」というコアから「**ある話題に接して離れない**」という意味となり、専門書などで（他の話題にそれずに）ある話題にきちんと**焦点を合わせている**場合に用いられます。
　一方で、about は、「**その周辺**」というコア（→ p.229）から、話題に言及しつつも、その周辺領域などにも関心が及んでいるというニュアンスがあります。

■ 点が集まって連続になる

　点への接触が重なれば、それが線のような「**連続**」になります。みなさんは **Now on sale** という表示を目にしたことはありませんか？どのような意味でしょうか。これは、「今、販売中」という意味です。つまり、「販売」という行為がある期間、連続的に行われているということです。

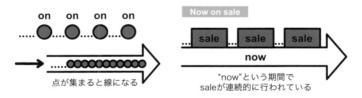

点が集まると線になる　　　"now"という期間で
saleが連続的に行われている

　on and on（連続的に）、on the go（活動中）、on duty（勤務中）なども典型的な例です。次の用例もみてみましょう。

I'm on a diet.
☀ **ダイエットという活動が続いている。**
（今、ダイエット中なの。）

She kept on crying.

☀ **泣くという行為が続いている。**

（彼女は泣き続けた。）

I'll go on a trip to Australia next summer.

☀ **旅行という連続的な行為を行う。**

（今度の夏、オーストラリアへ旅行に出かける予定だ。）

　go on a trip のほかにも、go on a date（デートに行く）、go on a picnic [hike]（ピクニック［ハイキング］に行く）など、連続的な行為を表す名詞の前に置くことができます。

　また、会話で「さあ、続けて」や「どうぞ」という意味合いでよく使う "Go on!" ですが、これも連続的な行為を相手に促す際の表現ですね。

　ここまでの話を応用すると、2 つの行為の連続性を示す on ～ing（～するとすぐに）も理解できます。As soon as S ＋ V ... で表現することも可能ですが、on ～ing にすることで、より 2 つの行為が間髪入れず連続的に行われるということになります。

On arriving at the station, I called my mother.

（駅に着くとすぐに、母に電話した。）

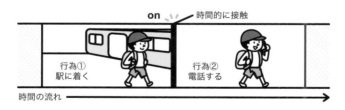

▎時間をピッタリ固定する on

　「接して」を時間に応用すると、**ピッタリ**や**固定**というようなイメージで、**曜日**や**特定の日**を表します。

My birthday is <u>on</u> April 12th.
（私の誕生日は 4 月 12 日です。）

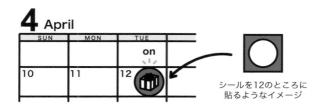

シールを12のところに
貼るようなイメージ

　カレンダー上の特定の日に接するというイメージです。ここでは 4 月 12 日という特定の日なので on が使われていますが、日を指定せず、「4 月に」と言う場合は、幅のある時間を示すので <u>in</u> April です。<u>on</u> Monday（月曜日に）や <u>on</u> a cold morning（寒い朝に）なども特定の日の例です。

　このことを理解すれば、<u>in</u> time（間に合って）、<u>on</u> time（時間通りに）の使い分けもわかりますね。<u>in</u> time は「幅のある時間の中に」、<u>on</u> time は「予定時間にピッタリ接して」というイメージです。

PART
3

▌前置詞 at のコア

　まず、次のクイズを考えてみましょう。

駅に到着したので、「駅の構内で待っている」ということを相手に伝えるとします。in か at か、どちらが適切でしょうか？

I'm waiting for you (at / in) the station.

　状況が提示されない限り、in でも at でも可能です。ただ伝えたい意味が異なるので、注意が必要です。

at の CORE ☀ は「〜のところ」です。

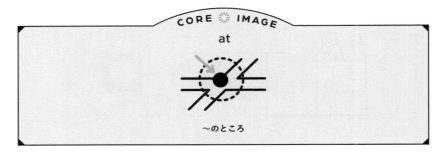

CORE ☀ IMAGE
at

〜のところ

　空間的な広がりを問題にせず、単にその「**場所**」を表すのがポイントです。

　⒬に戻りましょう。単に駅という場所を示すだけであれば at になりますが、「駅の構内で」と、空間内に限定しているので、⒬の答えは in になります。

■ in か at かは話し手の空間への意識が決める

　at は空間的な広がりは問題にしません。つまり、**単に、場所そのものを示す**ときは "Turn right at the next corner."（次の角を右に曲がってください）のように at を使うのでしたね。ここで注意です。corner だから at がくるという覚え方はいけません。「教室の隅に机が 1 つある」という状況では、次のように表現します。

There is a desk in the corner of the classroom.

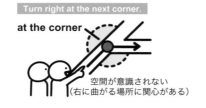

Turn right at the next corner.
at the corner

空間が意識されない
（右に曲がる場所に関心がある）

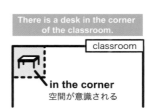

There is a desk in the corner
of the classroom.

classroom

in the corner
空間が意識される

ここでは、話し手の関心が「教室の隅の空間」にあり、その**空間内**にある机に言及しています。前の例の「次の角を右に曲がってください」という状況では、話し手の関心は曲がる「**場所**」であり、角のある空間には関心が置かれていないから at を選択しているということなのです。

■ 点的な場所から、時間へ

　空間的な広がりがないということは、**「点」的な場所**を示すこともできます。つまり、次の例のように**焦点が定まった場所**を示すことができるのです。

He threw wastepaper at me.
（彼は私に紙くずを投げてきた。）

threw at me
私をめがけて

PART 3

　また、焦点が定まった場所のイメージを「**分野**」や「**対象**」に応用させると、次の例文も理解できます。

I am good at English.
（私は英語が得意だ。）

He was surprised at the news.
（彼はその知らせに驚いた。）

　be good at は「〜が得意だ」という意味です。教科には地理、国語、数学、化学などたくさんありますが、その中で英語という分野に焦点を定めて、I am good ... だと判断しているのです。また、be surprised at の at は、「驚く」という瞬間的な感情の原因（対象）に

焦点を定めているイメージです。

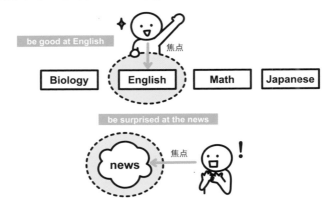

　これまでの説明を時間関係に応用してみましょう。at を使うと、焦点が定まった時間の幅が感じられない**点的な時間**になります。

<u>at</u> three o'clock（3時に）/ <u>at</u> noon（昼に）/ <u>at</u> night（夜に）
<u>at</u> first（最初に）/ <u>at</u> one's best（一番いいときに）

---

　at night などとセットにして覚えてしまうような学習では不十分です。ここでも、話し手の関心がどこにあるかが大切です。たとえば、in the night とくらべると、話し手の関心が「**その時間の中で、ある活動を行う**」というように時間の内部にあれば <u>in</u> the night で、「**その時間帯に何かをする**」というときには <u>at</u> night が選択されます。「私の母は夜に働いている」と言う場合、"My mother works <u>at</u> night." が普通です。「夜という時間帯に働く」ということに話し手の関心があるからです。

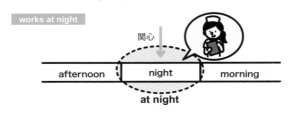

次の例をみてください。in が使われている理由を考えてみましょう。

He woke up twice in the night.
（彼は夜中に2回も起きてしまった。）

ここでは「夜中に2回起きた」という「時間内の活動」に話し手の関心があるから、in が使われているのです。

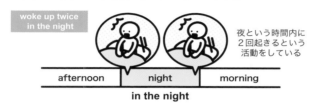

基本前置詞の in、on、at のイメージがつかめましたか。in、on、at は英文が数行あれば必ずと言っていいほど出てきます。そのたびに、どんな感覚で使われているのかを意識することで、この基本前置詞をマスターできるはずです。

in

空間の中に

on

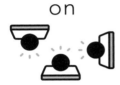

接触している

at

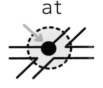

〜のところ

1 in の **CORE** 「**空間の中に**」を意識する。

➡️ **空間的に広がりのある場所**を示す。また、**社会的・心理的な空間**などにも応用される。「**幅のある時間**」にも使われる。

2 on の **CORE** 「**接触している**」を意識する。

➡️ 「**面・線**」に接触する場合と、「**点**」に接触する場合がある。「点」が集まると、「**連続**」を示すこともできる。曜日など、「**ピッタリ固定できる時間**」にも使われる。

3 at の **CORE** 「**〜のところ**」を意識する。

➡️ 「**場所そのもの**」を示すのが基本であるため、「**焦点が定まった場所**」を示すこともできる。幅が感じられない「**点的な時間**」にも使われる。

into / out

The stars are out. は「星が出る」か「星が消える」か

▌into と out のイメージ比較

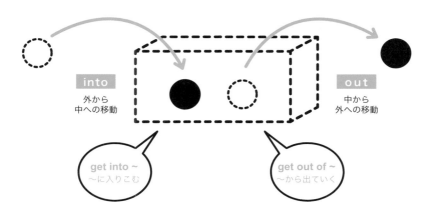

▌外から中への移動は into

in のコアが「空間の中に」という状態を示すのに対し、**into** は in + to なので「**中への移動**」を示します。

into の **CORE** ☀ は「**（外から）〜の中へ（入りこんで）**」です。

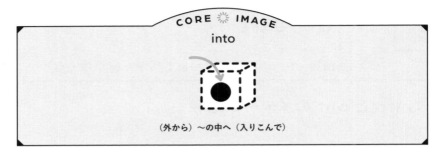

「**外から中へ入る動き**」がポイントです。

We dashed <u>into</u> the convenience store because of a sudden rain.
（私たちは突然の雨で、大急ぎでコンビニの中に入った。）

　外から中への移動が状態に使われると、into は**状態の変化**を表すことができます。次の英文は典型的な例です。

Those grapes are made <u>into</u> wine.
（そのブドウからワインが作られる。）

　ここでは「**見た目が変わる**」ということがポイントです。「雨が雪に変わった」は "The rain turned <u>into</u> snow." と言います。ほかにも「**変化**」を示す into の使い方として、次のような表現があります。

talk [persuade] A <u>into</u> 〜ing ^(Aを説得して〜させる)

☀ 「説得されていない状態」から「説得された状態」への変化

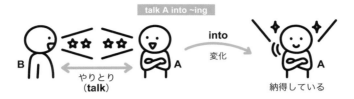

　この表現に into の対義語の out of を使えば、次のような表現になります。

talk [persuade] A <u>out of</u> 〜ing ^(Aを説得して〜させない)

　また、内部での活動に焦点を合わせると、「中へ入りこんで」という意味合いとなり、何かに夢中になる状態を表現できます。"I'm <u>into</u> jazz." であれば、「ジャズに夢中だ」という意味になります。

PART 3

■中から外への移動は out

　into が「外から中への移動」であるのに対し、**out** は「**中から外への移動**」です。out の **CORE** ☀は「**〜から外へ**」になります。

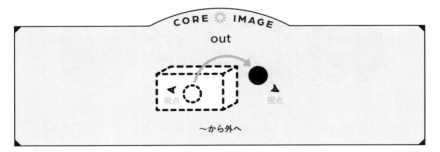

　"Let's eat <u>out</u> tonight." であれば、「今夜、外食しようよ」ということで、家の中から外へ移動することを示しています。

▌視点が大切な out

ではまず、次のクイズを考えてみてください。

次の例文で「消えている」と「出ている」という反対の内容を out
で表しているのはなぜでしょうか？

❶ The light is out.（光が消えている。）

❷ The stars are out.（星が出ている。）

　一見すると、反対の意味であるように感じられ、共通の意味なん
てないのでは？　と思ってしまうかもしれません。ですが、out にも
1つの本質的な意味であるコアが存在します。その答えを解くカギ
は、**話し手がどこに視点を置いているか**にあります。

　次のイラストをみてください。屋内にいた人が「外に」出ていく
場合、go out と表現します。しかし、その人を部屋の外から見てい
れば、それは come out となります。

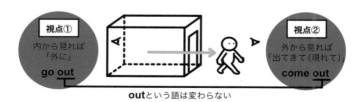

視点① 内から見れば「外に」 **go out**

視点② 外から見れば「出てきて（現れて）」 **come out**

outという語は変わらない

　視点の置き方によって go か come を選択するという話は PART 2
でお話ししましたが、視点が内でも、外でも out が「〜から出る」
ことには変わりないのです。

Ⓠ ❶の場合は**視点が内にある**場合です。次のイラストの❶のように、話し手は明かりがついている内部の空間にいます。そこから明かりが「外に」出ていってしまったという感覚です。

　一方で、Ⓠ ❷の場合、**視点は話し手の外**の空間である空にあります。空の暗闇の中から「外に」出てくることで、話し手は星が見える状態になるわけです。

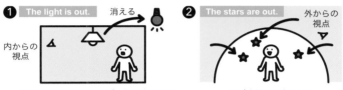

❶ The light is out. 　消える
内からの視点
内についていた明かりが、外に出ていく

❷ The stars are out. 　外からの視点
星が暗闇から出ていく

　つまり、視点が内側にあるときは「**消滅**」、視点が外側にあるときは「**出現**」という意味合いになるというのがポイントです。

　もう、わかりましたね。Ⓠの答えは、「**話者の視点が❶は内側にあり、❷は外側にあるから**」です。

PART
3

■「消滅」の out

　では、視点が内側にあるときの「**消滅**」の例からみていきましょう。

The gasoline is running <u>out</u>.
（ガソリンがなくなりかけている。）

　これまであったガソリンが「外に出ていった」結果、「なくなる」といった意味合いになります。

　"Sold <u>out</u>" は「売り切れ」ですね。今まであったものがすべて外に出てしまって「売り切れ」になったということです。

■ 出現の out

次に視点が外側にあるときの「**出現**」の例をみていきましょう。

His first book has just come out.
（彼の最初の著書が発売されたところだ。）

The cherry blossoms are out in spring along this river.
（春になると、この川沿いに桜の花が咲く。）

　視点が外側にあって、「見えなかったものが外に出てくる」ことから、「花が咲く」「出版する」「暴露する」などの意味で用いられます。また、よくわからなかったものが現れ出てくるということで、figure out（考え出す）や make out（理解する）のような表現も理解できますね。

　into は out の対義語であることを考えれば、in と into の違いが手にとるようにわかったのではないでしょうか。また、out は「〜から外へ」が基本ですが、視点が大切であることを学びました。out に「消える」と「現れる」という意味が2つあるのではありません。話し手が視点をどこに置くかで、見え方が違ってくるだけのことなのです。

into

（外から）〜の中へ（入りこんで）

out

視点 視点

〜から外へ

PART
3

空間内もしくは、空間外への移動を示す into と out はくらべて理解しよう。

1 into の CORE ☀️ 「**（外から）〜の中へ（入りこんで）**」を意識する。外から中への移動を示す。「**変化**」が大切。

2 out の CORE ☀️ 「**〜から外へ**」を意識する。ただし、視点の置き方によって、「**消滅**」の意味にも「**出現**」の意味にもなる。

off / away

反意語をイメージして理解したい表現

██ off と away のイメージ比較

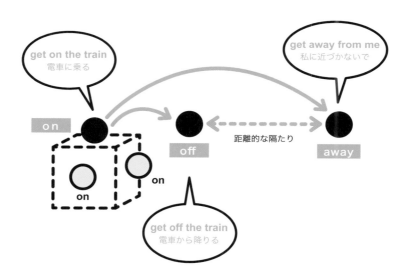

██ off は on の反意語

on の **CORE** は ② で確認したとおり「**接触している**」です。その反意語にあたるのが **off** です。

off の **CORE** ☀ は「**接触した状態から離れて**」です。

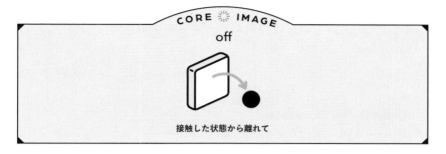

on と反対のイメージで捉えておくと、理解しやすくなります。まずは例文で確認してみましょう。

He got off the train at Shinjuku.
（彼は新宿で電車を降りた。）

Turn off the light before you leave the room.
（部屋を出る前に明かりを消しなさい。）

PART 3

「電車に乗る」は get on the train です。「足を電車に接触させる（乗せる）」というイメージですね。「降りる」はその反対で、「足を電車から離す」ことになるので off を使います。また、「明かりをつける」は turn on ですが、その反対の「消す」は turn off になります。「電極に接しているという状態から離す」ことから「消す」の意味が生まれます。

on は「接触」のイメージから「連続」のイメージに展開し、「勤務中」は on duty と表現できましたね。その勤務している状態から「離して」とすると、「休む」の意味が生まれます。

I'll take two days off this week.
☀ **勤務している状態から 2 日間離す。**
（私は今週、2 日休みを取る予定だ。）

「〜％オフ」というのは広告などでよく目にする表現だと思います。これもその商品に貼りついているもとの価格から「〇％分だけ離す」ということから、「〇％引き」という意味が生まれます。

Prepared food at that store is 50 percent off the usual price now.

💥 通常価格から 50%分だけ金額を離す。

（今、あの店の惣菜は 50％引きになっています。）

■ out と off の違い

　off ↔ on、out ↔ into と、反意語であることをおさえておくことはとても大切です。では、off と out にはどのような違いがあるのでしょうか。まずは、次のクイズを考えてみてください。

次の 2 つの英文を日本語に訳してください。

❶ She took out her dress.
❷ She took off her dress.

　いかがでしょうか。両方の英文が示している状況は違います。
　❶は out が「中から外への移動」を示すことから、**「取り出した」**という意味です。
　❷は off が「接触した状態から離れて」を示すことから、**「脱いだ」**という意味になります。

つまり、◎の答えは、❶「彼女は服を取り出した」、❷「彼女は服を脱いだ」です。

■ off より距離感を感じる away

また、「離れて」のイメージをもつ単語に **away** があります。away には**前置詞ではなく、副詞・形容詞**としての使い方がありますが、off との違いを理解しておくことが大切です。

away の CORE ☀ は「**ある点から離れて**」です。

off は接触からの分離であるのに対し、away は**距離的に隔たっている**ことが強調されます。「ある点」（起点）を示すために、from が使われ、**away from ～** という組み合わせで「**～から離れて**」という意味になります。

Get <u>away</u> from me! I don't want to talk to you anymore.
（もう私に近づかないで！　これ以上話したくないから。）

away は、空間的隔たりだけでなく、**時間的な隔たり**も示します。

He is away with the flu.
（彼はインフルエンザで休んでいる。）

　out だと「少しの間」という感じですが、away にすることで「長期的に不在だ」というニュアンスが含まれます。
　「離れて」というところから、「離れてなくなる」という意味で、次のように away を使うこともできます。

All the snow melted away.
（すべての雪が溶けてなくなった。）

　どうでしょうか。off ↔ on と反意語と考えることで、off と out、また off と away の違いがより理解しやすくなったと思います。「何となく同じような感じ」ではなく、自信をもってイメージで単語を選択できるようにしていきましょう。

off

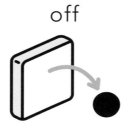

接触した状態から離れて

away

ある点から離れて

off ↔ on、out ↔ into と、反意語として理解し、away は off との違いを意識しよう。

❶ off の **CORE** 「**接触した状態から離れて**」を意識する。反意語の on の **CORE** 「**接触している**」をイメージして考えることが大切。

❷ away の **CORE** 「**ある点から離れて**」を意識する。off より**距離的に隔たり**があることがイメージされる。

5 | for / to

go to school は to で leave for school が for なワケ

▌for と to のイメージ比較

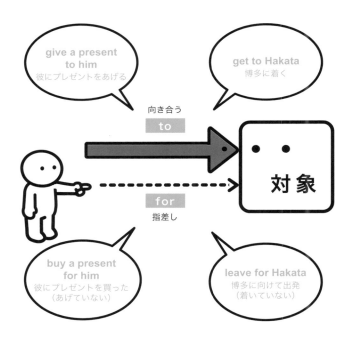

give a present
to him
彼にプレゼントをあげる

get to Hakata
博多に着く

向き合う
to

for
指差し

対象

buy a present
for him
彼にプレゼントを買った
（あげていない）

leave for Hakata
博多に向けて出発
（着いていない）

▌for と to の違い

　for も to も 「〜に」 と訳され、「方向」 という説明をされることが多く、その違いをきちんと言える人は少ないのではないでしょうか。ここでは、for と to は大きく違うことを、 **CORE** ※をつかみながら理解していきましょう。

for の **CORE** は「**対象を求め（指さして）、それに向かって**」です。

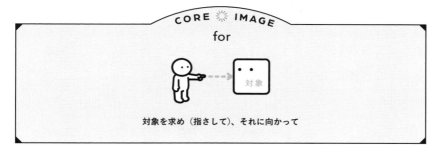

「〜のために、〜にとって、〜に賛成して、〜の代わりに、〜あての、〜へ向かって」といった意味となります。

一方で、to の **CORE** は「**対象に向かう、対象と向き合う**」です。

「向かい合う」ことを face to face と表現しますが、to のイメージの典型例と言えます。では、次の例文をみてみましょう。

He left <u>for</u> Hakata this morning.
（彼は今朝、博多に向けて出発した。）

He got <u>to</u> Hakata this morning.
（彼は今朝、博多に到着した。）

「博多に向けて出発した」は left for Hakata で、「博多に着いた」は got <u>to</u> Hakata です。ここでの for と to の違いは何でしょうか。

left for Hakata は、「目的地を指さして、そこに向かった」という
イメージで、その目的地（博多）に到着したかは表していません。一
方で、got to Hakata は、「目的地に行って、その目的地（博多）と
向き合う状態になった」というイメージで、目的地への「**到着**」が
含意されます。

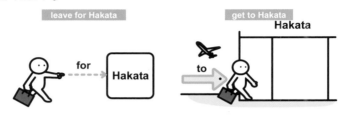

　では、ここで次のクイズに答えてみてください。

次の（　）にあてはまる前置詞を選びましょう。

❶ I bought a present (to / for) him.

（私は彼にプレゼントを買った。）

❷ I gave a present (to / for) him.

（私は彼にプレゼントをあげた。）

　どうですか。自信をもってどちらか選べたでしょうか。

　for は「対象を求めてそれに向かって」ということから、「相手を
（心理的に）指さす」ことができます。「心理的に彼を指さしながら
買う」ということは、「彼のために買う」ということです。このとき、
プレゼントはまだ相手に届いていませんね。つまり、Ⓠ❶の答えは
for です。

　一方で、プレゼントをあげるという行為は、相手と向き合う状況
が想定されるので、Ⓠ❷の答えは「対象と向き合う」というコアを
もつ to です。ここでは、プレゼントは相手に届いています。

to をとるか、for をとるかがよく問題になりますが、**「対象を指さしているだけで相手に届いていない」**のであれば for、**「対象に向き合い、相手に届く」**のであれば to と考えればいいですね。

to、for をとる代表的な動詞を挙げておきます。これも、to、for のコアの違いが理解できていれば、丸暗記する必要はありませんよ。

〈動詞＋名詞＋ to 〜〉の形をとる代表的な動詞

give（〜を与える）/ offer（〜を提供する）/ sell（〜を売る）/ pay（〜を支払う）/ send（〜を送る）/ write（(手紙)を書く）/ show（〜を見せる）/ teach（〜を教える）/ tell（〜を伝える）/ bring（〜を持ってくる）/ lend（〜を貸す）

〈動詞＋名詞＋ for 〜〉の形をとる代表的な動詞

buy（〜を買う）/ choose（〜を選ぶ）/ find（〜を見つける）/ get（〜を得る）/ leave（〜を残す）/ make［cook］（〜を作る）

PART
3

■ 対象を心理的にも指さす for

for の **CORE** 「**対象を求め（指さして）、それに向かって**」を意識して、次の例をみてみましょう。

Send <u>for</u> a doctor, quickly!
（医者を呼んで、すぐに！）

今ここにはいない医者を心理的に指さすことで、「求めて」というイメージが出てきますね。**send for** で「**（連絡して）〜を呼ぶ、〜に**

来てもらう」というイディオムにもなっていますが、「医者を求めて（メッセージなどを）送る」ということから理解できます。"I was late for school." と言うときの for も「（求める対象の）学校に向かっている状況で遅れた」ということから、「学校に遅刻した」という意味になります。

　「求めて」という部分がわかりやすい表現としては、次のようなものがあります。

---

look for（〜を探す）/ search A for B（B を求めて A を探す）
wait for（〜を待つ）/ prepare for（〜の準備をする）
cry for help（助けを求めて叫ぶ）/ ask for（〜を求める）

　次の文は、「対象を求めてそこに向かっている」ことから、「**〜に賛成して（支持）**」の意味合いになることも理解できますね。

I'm for the new plan.
（その新しい計画に賛成です。）

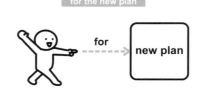

ある関係の対象を指さす for

ある2つのものの関係を示すために、「対象を指さす」イメージで for が使われることがあります。次のような場合が典型的な例です。

❶ 「〜の代わり」という交換の対象を指さして

exchange A for B （AをBと交換する）

pay A for B （Bの代金としてAを払う）

mistake［take］A for B （AをBと間違える）

substitute A for B （AをBのかわりに用いる）

❷ 「〜にとって」という判断の対象を指さして

It is important for A to do （Aにとって〜することは大切だ）

❸ 「〜のことで」という理由の対象を指さして

thank A for B （BのことでAに感謝する）

praise A for B （BのことでAを褒める）

scold A for B （BのことでAを叱る）

blame A for B （BのことでAを責める）

for lack［want］of （〜の不足のために）

be famous for （〜で有名だ）

PART
3

■ 時間の流れを指さす for

次の例のように、for が「**時間の流れ**」を指さす場合があります。

I have been studying Italian <u>for</u> three years.
（私はイタリア語を 3 年間勉強している。）

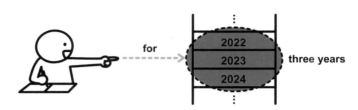

「**期間を表す for**」と言われますが、「3 年間という時間の流れ」を指さしているイメージです。for a while（しばらくの間）/ for a long time（長い間）も同様の例ですね。

■ 対象と向き合う to

to の **CORE** は「**対象に向かう、対象と向き合う**」でした。まず to の一番の基本である「対象と向き合う」というイメージの確認をしていきましょう。talk face <u>to</u> face であれば、「向かい合わせで話す」ということですね。次の例を考えてみましょう。

Time is often compared <u>to</u> a river.
（時間はよく川にたとえられる。）

「時間」と「川」が向き合っている場面をイメージしてください。そこから「**たとえる**」といった意味が展開していきます。

Reading is <u>to</u> the mind what exercise is <u>to</u> the body.
（精神にとっての読書とは、肉体にとっての運動のようなものだ。）

A is to B what C is to D で「**A の B に対する関係は C の D に対する関係と同じだ**」と習って、よくわからないまま覚えた人も多いと思いますが、これも「たとえ」です。「向き合う」という to のコアが鮮やかにイメージできる構文です。

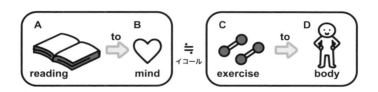

これを少し応用すると、「何かの流れに向き合いながら〜する」というイメージで次の例文を捉えることができます。

PART 3

They sang <u>to</u> the piano.
（彼らはピアノの音に合わせて歌った。）

「A と B を向き合わせる」関係にすると、次のような構文が説明できます。

① **A を B に合わせて、適応させる**

adjust A to B （A を B に合わせて調整する）

apply A to B （A を B にあてはめる）

attach A to B （A を B に添付する）

add A to B （A を B に足す）

② **A を B に向かい合わせる**

introduce A to B （A を B に紹介する）

invite A to B （A を B に誘う）

③ **A を B に向かい合わせて、負わせる**

owe A to B （A は B のおかげだ）

attribute A to B （A の原因は B だと考える）

　たとえば "He owes his success to his high school teacher." であれば、「彼は自分が成功したことを高校時代の先生のおかげだと考える」という意味です。「彼の成功」と「先生」を向き合わせた結果、「彼の成功」の理由が「先生」にあったということです。

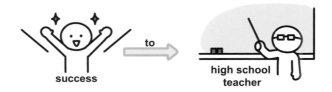

▍対象に向かう to

　A と B が向き合うためには、A が B に向かうことが必要ですが、その「**対象に向かう**」に焦点を合わせた使い方を紹介します。

p.195 の例文の "He got to Hakata this morning." を改めて考えてみましょう。結果的には「彼」と「博多（という場所）」が「向き合う」関係になりますが、そのために「彼が博多（という場所）に向かう過程」に焦点が置かれています。向かう対象である「博多」は「到達点」ですね。この**到達**に着目していきましょう。

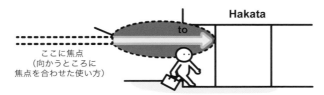

❶ 数への到達

It's ten to eight.

☀ **8 時に至るまであと 10 分あるということ**

（8 時 10 分前 [7 時 50 分] です。）

❷ ある状態に到達

Wait until the light changes to green.

☀ **信号が青の状態に到達するまで待っていなさいということ**

（信号が青になるまで待ちなさい。）

❸ 程度への到達

I agree with you to a certain degree.

☀ **ある程度に至るところまで賛成するということ**

（ある程度は賛成だよ。）

PART 3

　このように、「〜に」と訳されることの多い for と to ですが、イメージで違いを理解できましたか。for は「**ある対象を指さしている**」、to は「**ある対象に向かう、向き合っている**」ということが意識されます。これを理解して、自信をもって使い分けられるようにしましょう。

for

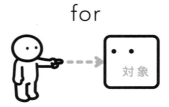

対象を求め（指さして）、それに向かって

to

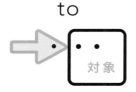

対象に向かう、対象と向き合う

ある対象との関係を示す for と to はくらべて理解しよう。

❶ for の CORE ☀ 「**対象を求め（指さして）、それに向かって**」を意識する。心理的に指さしたり、関係の対象や時間の流れを指さしたりすることもできる。

❷ to の CORE ☀ 「**対象に向かう、対象と向き合う**」を意識する。対象に「向き合う」ことから、対象への「到達」に焦点を合わせる場合がある。

with / of

2 つのものとの関係

▋with と of のイメージ比較

a girl
with blonde hair
金髪の女の子

with

とともに（伴っている）

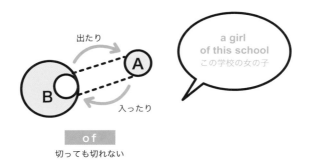

出たり

A

B

入ったり

a girl
of this school
この学校の女の子

of

切っても切れない

▋with と of の違い

さっそくですが、次のクイズを考えてみてください。

考えてみよう！
Q

次の英文の（　）に入る前置詞を選んでください。　→答え p.207

Look at the girl (with / of) blonde hair.

（あの金髪の女の子を見て。）

すぐに答えを選べなかった人は、with と of の CORE※ とイラストをよく比べてみてください。

まず、**with** の CORE※ は「**〜とともに**」です。

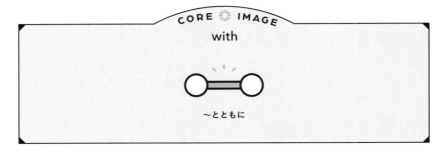

「**伴っている（ともにある）**」と「**手にする**」ということがポイントです。A with B であれば、A に B が伴っているということです。

一方で、**of** の CORE※ は「**切っても切れない関係**」です。

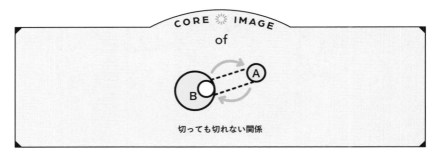

A of B であれば、「**A と B が切っても切れない関係**」にあることを示します。ポイントは A と B に「**全体（B）と部分（A）の関係**」があるということです。「山の頂上」は the top of the mountain で、top（A）が mountain（B）という全体の一部であるということですね。次のような例が典型的な使い方です。

Most of the students agreed with the plan.

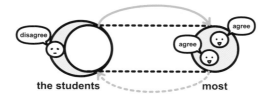

※「学生という全体」(B) から「大部分 (most)」(A) を抜き出すイメージ

（生徒の大部分はその案に賛成した。）

　類例として、one of（〜の中の1つ）、some of（〜の中のいくつか）、none of（〜のうちの何も…ない）、all of（〜のうちのすべて）などがあります。

　では、冒頭の ⒬ に戻りましょう。

with ─ the part of the body

PART 3

　「〜の」に引きずられて、of にしてしまった人も多いと思いますが、ここまで読めば、the girl of blonde hair は違和感があるのではないでしょうか。なぜなら、「少女」は「髪」の一部ではないからです。「髪」はその「少女」に**伴っている**ものなので、⒬ の答えは **with** になります。

■「何か・誰かを伴って」の with

　では、with の用例をみていきましょう。

I don't have any money with me today.
（私は今日、お金を持ち合わせていません。）

Take an umbrella with you.
（傘を持っていきなさい。）

これらの with は、訳そうとしても、うまくいかないのではないでしょうか。そんなときは、with のイメージをしっかりと理解して、伝えたい意味を捉えることが大切です。

　have money with me の場合は、「お金が私とともにある状態」ということです。"I don't have any money." でも伝えることができますが、「持ち合わせて」というニュアンスを出すには with me を入れる必要があります。"Take an umbrella with you." も考え方は同じで、「あなたとともに傘がある状態」ということですね。

　会話表現の "What's wrong with you?"（どうかしたの？）も同様の考え方で、「あなたとともに何か良くないことが起こったの？」というイメージで理解できます。

　また、「〜から始める」というときに、begin[start] with を使うことがあります。

The lecture began with a brief introduction to the research.
（講義はその研究の簡単な紹介から始まった。）

　日本語訳から考えて、from にしないように注意しましょう。from は「起点」なので、「そこを出発点として続く」ことがイメージされます。「始まる」という開始時点に焦点がある begin とは相性が良くありません。状況は、「その研究の簡単な紹介とともに講義が始まる」ということです。ちなみに、「〜で終わる」というときも、end with を使います。

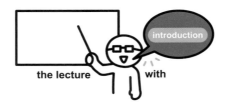

　「〜とともにある」ということを応用すると、次のような表現ができます。

Sweets go well with coffee.

※ **スイーツがコーヒーとともにあって**

（スイーツはコーヒーとよく合う。）

Don't talk with your mouth full.

※ **口をいっぱいにした状態とともに**

（口をいっぱいにしたまましゃべってはいけません。）

With all his faults, I still love him.

※ **あらゆる欠点とともにある状態で**

（欠点はあるけれど、それでも私は彼が好きだ。）

■「手にもって」の with

「**手にもって**」というところに焦点が置かれると、次のような使い方ができます。

Please fill out the form with a pen.

※ **ペンを手にして書類を書く**

（ペンで書類に記入してください。）

with a pen

with

ペンを手に持って

The government provided the victims with food and clothes.

※ **被災者に食料や衣服を手にして与える**

（政府は被災者に食料と衣服を供給した。）

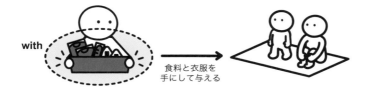

with

食料と衣服を
手にして与える

手にもてるものでなくても、次のように、「**何かを[で]もって**」という表現をすることも可能です。

The teacher chose her words <u>with</u> care.

※ **注意力をもって**
（先生は注意して言葉を選んだ。）

She was in bed <u>with</u> the flu.

※ **インフルエンザでもって➡インフルエンザ（が原因）で**
（彼女はインフルエンザで寝込んでいた。）

He saved a lot of money <u>with</u> a view to buying a house.

※ **家を買うという考えをもって➡家を買う目的で**
（彼は家を買う目的で、たくさんの貯金をした。）

　このように、with の **CORE** ※ は「**～とともに**」ですが、「**伴っている（ともにある）**」と「**手にする**」という 2 つの意味合いに分けて理解することが大切です。

　では、最後に応用問題です。次のクイズに答えてください。

（　　）にあてはまる前置詞を入れてください。

❶ **「私はあなたに賛成です」**

　I agree （　　　　） you.

❷ **「私はこの点では賛成です」**

　I agree （　　　　） this point.

agree with というイディオムを覚えていて、「どちらも with ではないの？」と思う人も多いと思います。しかし、動詞が前置詞を決めるわけではなく、状況が前置詞を決めるのでしたね。「相手に賛成する」というときは、自分が「相手とともにいる」という感覚ですね。よって、⑨ ❶ の答えは with です。一方で⑨ ❷ は、たくさんある中から、「この点に関しては」と１つに焦点を合わせているので、答えは on が適切です。

■ 自分の出てきたところを表す of

では、ここからは of をくわしくみていきましょう。of の **CORE** ✺ は「**切っても切れない関係**」でしたね。次の文をみてください。

I am a member of the alpine club.
（私は山岳部員です。）

自分は「山岳部」というところにいるということで、a member と the alpine club が切っても切れない関係にありますね。言い換えれば、山岳部の「部員」であるという「**所属**」の意味合いが強く出ている表現です。"I saw old friends of mine during the winter vacation." と言えば、「冬休みに旧友に会った」ということですが、old friends が mine に属しているという理解ができます。

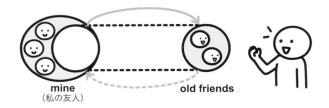

mine
（私の友人）　　　　old friends

次の英文は of ＋**抽象名詞**の用法ですが、同様に考えてみましょう。

This matter is o_f no importance.
（この案件は重要ではない。）

これはもともと、this matter of no importance で、this matter が主語として分離した形となっていますが、考え方は同じです。「この案件」が「重要性がない」ところに属しているという感じですね。

▌何かが外に出るところを示す of

A of B で「A が B に属す」ということは、言い換えれば、「B というところから出て、A がいる」ということですね。ここでは、「出るところ」である B に焦点を合わせた使い方を紹介していきます。
古英語では、of と off は同一語で、「離れる」という意味があり、そのイメージが強く出ている使い方です。

He is independent o_f his parents.
☀ **親のいるところから出て**
（彼は親から独立している。）

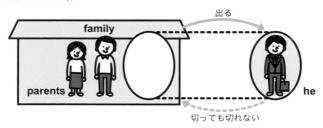

We are short o_f hands now.
☀ **人手が（必要なところから）出て**
（今、私たちは人手不足だ。）

Delivery is free o_f charge.
☀ **費用が（かかるところから）出て**
（配達は無料だ。）

さらに、行為・感情・評価などが「出るところ」に注目して、次の例文をみてみましょう。

❶ 行為の出るところを示す

The teacher accused me of lying.

☀ **責めるという行為の出るところ（原因）がうそをつくことであることを示す**
（先生はうそをついたといって私を責めた。）

❷ 感情の出るところを示す

He is afraid of cockroaches.

☀ **怖いという感情の出るところがゴキブリであることを示す**
（彼はゴキブリが怖い。）

❸ 評価の出るところを示す

It is very kind of you to give me good advice.

☀ **親切という評価の出るところがあなたであることを示す**
（私にいいアドバイスをくれるなんて、あなたは本当に親切ですね。）

■「何かから分離して」の of

「出るところ」を強調すると、「A から B を分離して」という意味に展開し、**deprive [rob] A of B（A から B を奪う）**や、**clear A of B（A から B を取り除く）**といった使い方ができます。

That man robbed me of my wallet.

☀ **私に強奪を働いて、（結果として）私から財布が離れる**
（あの男が私からサイフを奪った。）

これは、"That man robbed [me of my wallet]." と考えるとわかりやすいと思います。つまり、me of my wallet で、「私とサイフの関係が切っても切れない関係」であることが前提となっており、それを「分離する」という考え方です。イメージを図解すると、次のようになります。

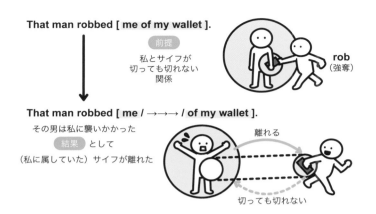

That man robbed [me of my wallet].

前提

私とサイフが
切っても切れない
関係

rob
（強奪）

That man robbed [me / →→→ / of my wallet].

その男は私に襲いかかった

結果 として

（私に属していた）サイフが離れた

離れる

切っても切れない

▌切っても切れない関係を示す of

　最後に of の **CORE** である「**切っても切れない関係**」を最もよく表した使い方を紹介します。

This song reminds me <u>of</u> my childhood.

私と私の子ども時代が切れない関係

（この歌は、私に子どものころを思い出させる。）

切っても切れない

my childhood
（子ども時代）

　「（AとBが）切っても切れない関係」であることを示す of を学びましたが、Aに注目すると「**所属**」、Bに注目すると「**出る**」、AとBに注目すると「**関係**」というように、どこに強調点が置かれるかによって異なった意味合いが出てくるということを理解しておきましょう。

with

〜とともに

of

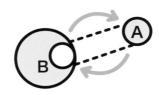

切っても切れない関係

PART
3

2つのものとの関係を示す with と of はくらべて理解しよう。

① with の **CORE** 「**〜とともに**」を意識する。

➡ 「伴っている」と「手にする」という2つの視点で考えていくことが大切。

② of の **CORE** 「**切っても切れない関係**」を意識する。

➡ A of B で A が B に「属す」場合、A が B から「出る」場合、A と B の「関係」を示す場合などがあることを意識する。

between / among

２つ以上のものとの関係

■ between と among のイメージ比較

■ between と among の違い

「～の間」の関係は between か among で表します。between A and B や between the two のような形で表される between からみていきましょう。

between の **CORE** ※ は「2 つのものの間に」です。

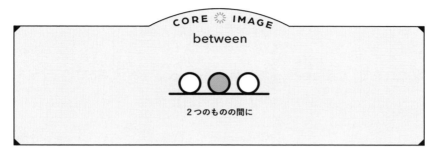

between A and B の形になっていなくても、たとえば、"The girl was walking <u>between</u> her parents." の場合、parents は 2 者であることが想定されるので、between を使うことができます。

一方で、among は between とは異なり、個々の関係ではなく、複数のものに囲まれている 3 者以上の「間」になります。

among の **CORE** ※ は「**集合の中から**」です。

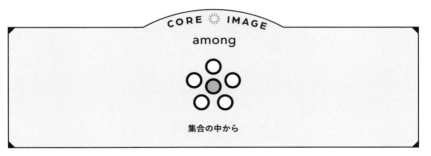

次の例文のように「若者の中で」と、among を「中で」と訳すこともできますね。

The comedian is popular <u>among</u> youngsters.
（そのお笑い芸人は若者の間で人気がある。）

では、ここで次のクイズに挑戦してみましょう。

次の英文は、なぜ among ではなく between を使うのでしょうか？

A treaty <u>between</u> three countries was concluded.

（3 カ国の間で条約が結ばれた。）

　いかがでしょうか。3 という数字に惑わされず、「条約」が結ばれる「関係」に注目してください。Ⓠの答えは「『条約』を締結するためには、国同士の『個々の関係』が大切だから」です。

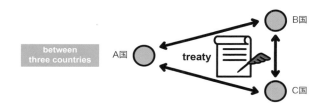

　「～の間」という日本語に惑わされずに、どのような関係であるのかに注目して、語を選択していくようにしましょう。

between

2 つのものの間に

among

集合の中から

2つ以上のものの関係を示す between と among はくらべて理解しよう。

❶ between の **CORE** ☀ 「**2 つのものの間に**」を意識する。

❷ among の **CORE** ☀ は「**集合の中から**」で、「**複数のものに囲まれている**」ことを意識する。

PART 3

by / near / beside

近くのものを使い分けよう

■ by と near と beside のイメージ比較

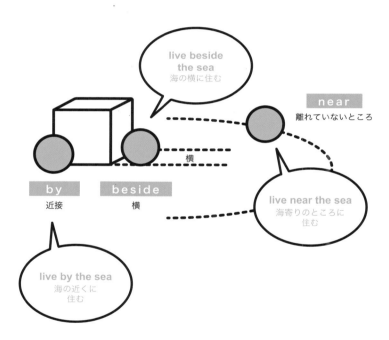

■ by, near, beside の違い

　ここでは、「近く」に関連する前置詞の違いを理解していきましょう。

by の **CORE** ☀ は「**近接**」です。

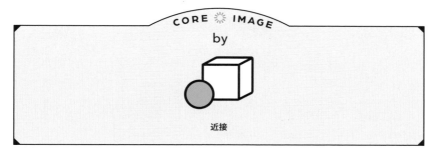

また、**near** の **CORE** ☀ は「**〜から離れていないところで**」です。

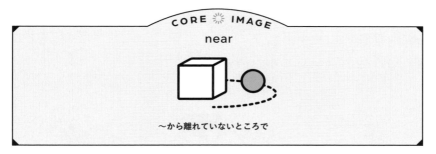

PART
3

near の場合、**far（遠くに）との関係**で、「離れていないところ」という捉え方ですが、by の場合は「近接」なので、距離的には by のほうが近いということになります。

そして、beside の **CORE** ☀ は「**〜の横に**」です。

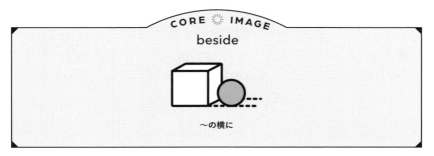

beside はもともと、by + side からきています。by は「近接」だけ
を示して方向を問わないのですが、それに side がつくことから、「横
に」という方向の限定が加わります。

　ここで次のクイズを考えてみてください。

**次の英文の状況を示すイラストを、下の(1)〜(3)の中からそれぞれ選
んでみましょう。**

❶ I'd like to live near the sea.
❷ I'd like to live by the sea.
❸ I'd like to live beside the sea.

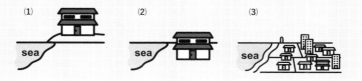

　同じ「近くに」を示す語でも、示す状況は違いますね。
　❶の live <u>near</u> the sea は、far との関係で「**相対的に海に近い**」と
いうことなので、実際に海が見えなくても、海寄りのところに住み
たいということです。
　❷の live <u>by</u> the sea は、by の **CORE**※が「**近接**」なので、「**海が見
えるところ**」がイメージされます。
　❸の beside の場合は、「**〜の横に**」という位置関係がポイントで、
自分の**住んでいるところが海の横**に並んでいるというイメージです。
よって、⒬の答えは、❶ (3)、❷ (1)、❸ (2)です。

▌by, near, beside の関連表現

　ちなみに、"Sit by me." は「私の近くに座って」ということで、前でも横でも近ければどこでもいいのですが、"Sit beside me." であれば、イラストのように「私の横に座って」ということに限定されています。

　また、near は空間だけでなく、「**時期が近くなると**」と言うときにも、near summer vacation（夏休みが近くなると）のように使うことができます。

　「心理的に近い」ということから、near to bankruptcy（破産寸前で）のように使うこともあります。near to で「**〜しかけて**」といった意味合いです。

PART 3

　beside には発展的な使い方として、beside the point「**的外れな**」や beside oneself with「**〜で我を忘れて**」のような表現があります。これも、「何か重要な点を横に」置いたり、「自分を横に」置いたりするということで、こうした意味合いになることも理解できますね。

▌by の用法の応用編

　では、ここからは by についてくわしくみていきます。by はいろいろな使い方があります。

　「近接して」が時間に応用されると、「**〜までに**」という意味になり、未来のある時点を設定して**期限**を示します。

You have to finish your report by next Friday.
（あなたは次の金曜日までにレポートを終えなければなりません。）

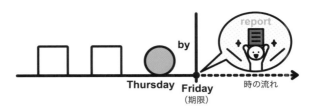

また、「**近接**」というコアから、「ある対象を傍らに置いて、それを使って」という**手段**を示すことができます。

I go to school by train.

☀ **電車という手段を使って**

（私は電車で学校に行きます。）

Divide 20 by 5.

☀ **5 という数字を使って**

（20 を 5 で割りなさい。）

He caught me by the arm.

☀ **「私をつかまえる」手段としての腕を使って**

（彼は私の腕をつかんだ。）

Michael went to Ireland by way of Stockholm.

☀ **ストックホルムという場所をアイルランドに行くための手段にして**

（マイケルはストックホルム経由でアイルランドに行った。）

They drove the car by turns.

☀ **交代するという手段を使って**

（彼らは交代で車を運転した。）

You are paid by the day.

☀ **支払い手段が 1 日単位で**

（給料は日給で支払われます。）

by は「近接して」というところから、「**近さの度合い**」になり、**程度の差**を示すことができます。

① 差を示して

taller than me by five centimeters（身長が5センチ差で）/ by far（断然）/ increase by 30%（30%増加する）

② 徐々に近くなっていくことを示して

little by little（少しずつ）/ step by step（1歩ずつ）/ one by one（1つずつ）year by year（年々）/ by degrees（徐々に）

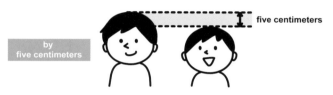

ほかに by が副詞として使われる drop by（〜に立ち寄る）、stand by（〜の味方をする）なども、近接の意味から展開しています。

PART 3

最後に、受動態で by が使われる理由を考えてみましょう。

The computer was broken by Jim.
（そのコンピューターはジムに壊された。）

「コンピューターが壊された」という状況でジムがそばにいれば、それにジムが関与していると推察できます。そのため、行為者を by で示すことができ、「〜によって」という意味になるわけです。

受動態や比較など、文法項目でも登場する機会の多かった by ですが、すべて前置詞のコアから説明できるということがわかっていただけたかと思います。

by

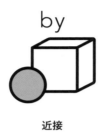

近接

near

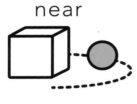

〜から離れていないところで

beside

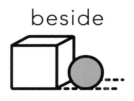

〜の横に

by, near, beside はいずれも「近く」を表すが、くらべて違いを理解しよう。

❶ by の **CORE** ※ 「**近接**」を意識する。

　➡ 「近接」から「手段」や「差」にまで展開する。

❷ near の **CORE** ※ 「**〜から離れていないところで**」を意識する。far（遠くに）との関係で相対的に捉え、「離れていないところ」と考える。

❸ beside の **CORE** ※ 「**〜の横に**」を意識する。位置関係が横に限定される。

around / about

about が「〜について」と「約」になるワケ

■ around と about のイメージ比較

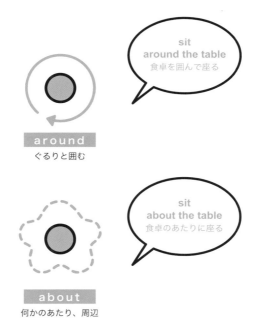

around
ぐるりと囲む

sit
around the table
食卓を囲んで座る

about
何かのあたり、周辺

sit
about the table
食卓のあたりに座る

■ around と about の違い

around と about について、コアからみていきましょう。

around の **CORE** は「**何かをぐるっと取り囲んで**」です。

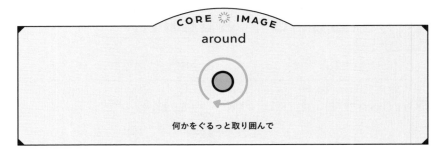

round とのつながりがある語であるため、「**周囲**」が意識されます。

次の例文は、典型的な around の使い方です。地球が太陽の周りをぐるっと回るイメージです。

The earth moves around the sun.
（地球は太陽の周りを回っている。）

around the world を「世界中の」と訳すことがありますが、これも、世界をぐるっと回るという感じです。時間にも応用でき、「24時間営業」という場合は、時計を一周する感じで be open around the clock と表現することができます。

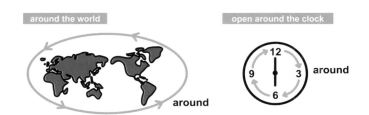

一方で、about の **CORE** ※ は「**その周辺**」です。

日本語でも「だいたい」といった意味で「アバウト」と使うことがありますね。

The meeting will start at <u>about</u> seven.
（会議は 7 時ごろに始まります。）

Let's talk <u>about</u> the problem.
（その問題について話そう。）

PART
3

時間に使う場合、だいたい 7 時の周辺にということで「〜ごろ」といった意味になります。talk <u>about</u> は「〜について話す」ですが、問題を中心にして、その周辺のことを話すということです。これをaround にしてしまうと、問題の周囲をぐるぐる回っているだけで、「問題を回避する」という意味になってしまいます。

では、最後に次ページのクイズに挑戦してみましょう。

次の（　）に適する前置詞を入れてみましょう。

❶ There is something wrong（　　　　）this computer.
　（このコンピューターはどこかおかしい。）

❷ There is something mysterious（　　　　）her.
　（彼女にはどこか不思議なところがある。）

　いかがでしょうか。よく似た構文ですが、使われる前置詞は異なります。

　❶は「コンピューターに伴っている」部分に「不具合がある」ということです。

　❷は、「彼女の周辺に出ている雰囲気」に「不思議なところがある」ということです。

　よって、Ⓠの答えは、❶が **with**、❷が **about** です。

　構文が似ているからといって「同じ」ではないので、状況をきちんと把握して、適切な前置詞を使い分ける力をつけるようにしましょう。

around

何かをぐるっと取り囲んで

about

その周辺

❶ around の **CORE** ☀ 「**何かをぐるっと取り囲んで**」を意識する。

➡ある本質に届かず、回避するという意味合いも出てくる。

❷ about の **CORE** ☀ 「**その周辺**」を意識する。

PART
3

through / along / across

道すじを表す前置詞 3 つの共通点

■ through と along と across のイメージ比較

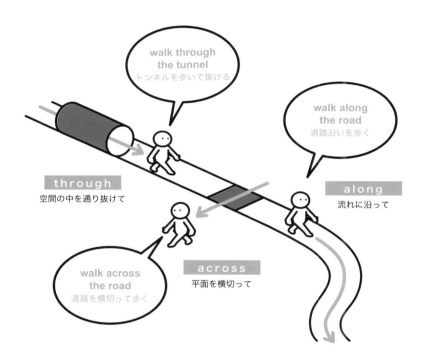

■ through には 3 つの捉え方がある

　「ドライブスルー」（drive-through）は日本でも一般的になりましたが、アメリカから入ってきた言葉です。ここから through のコアがイメージできますよね。

through の **CORE** ☀ は、「**空間の中を通り抜けて**」です。

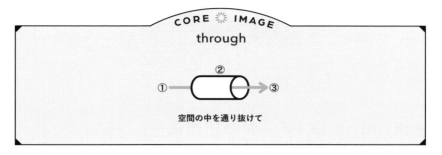

CORE ☀ IMAGE
through

空間の中を通り抜けて

　次の例文のように、トンネルのような筒状の中を通り抜けて**移動**するイメージです。

We drove through the tunnel.
（トンネルを車で通り抜けた。）

　また、次の例文のように、**CORE** ☀ **IMAGE** の①から③へ移動していく**状態**を示すこともできます。

PART
3

The river runs through the town.
（その川は市内を流れている。）

　移動だけではなく、①から見て、②を**抜けた向こう（③の位置）に何かがある**場合、次のような言い方ができます。

Oh, there is a big castle through the wood.
（おお、森を抜けたところに大きなお城がある。）

　森の手前から見て、森を抜けたところに大きなお城があるという状況ですね。

a castle
through the wood

■ through のイメージの応用編

　「通り抜けていく」というイメージを応用すると、「経験」の意味合いが出て、go through で「(困難など) を経験する」といった使い方ができます。

I went through a difficult time during my school days.
（私は学生時代、つらい経験をした。）

　through を時間の用法に展開すると、「(通り抜けていく) 間ずっと」という意味合いになります。

It rained through the afternoon.
（午後はずっと雨だった。）

　「通り抜けた向こう」という移動の終点（③の位置）に焦点を合わせると、次の例文のように活動の終点を示すことができ、「〜し終える」といった意味で使うことができます。

Are you through with the book?
（その本は読み終えましたか。）

　ちなみに、「通り抜ける途中」、つまり「半分読んだ」と言いたい場合は、"I'm halfway through the book." で表します。
　「〜を通り抜けて」というコアから、次の例文のように「〜という

方法を通して」という使い方に応用できます。

We can get useful information <u>through</u> the Internet.
（私たちはインターネットを通して有益な情報を得られる。）

■ along のコア

along の **CORE** ☀ は「**〜の流れに沿って**」です。

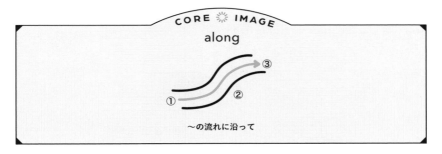

along にも 3 つの捉え方があります。まず、①→③に沿って「**移動**」する場合、「**〜沿いにある**」という②の「**状態**」、①から見て、③**について言及する**とき、「**〜に沿ったところにある**」という意味で使うことができます。

①→③の場合
Let's walk <u>along</u> the beach.
（海岸沿いに沿って歩こう。）

②の状態の場合

There are a lot of cherry trees <u>along</u> the Tama River.

（多摩川沿いには、たくさんの桜の木があります。）

状態

along the Tama River
多摩川沿いにある

③について言及する場合

You'll find a fire station <u>along</u> this road.

（この道に沿って行けば、消防署があります。）

fire station

視点

along this road
この道に沿ったところにある

　次に、「沿って」が**時間**の流れに応用された表現を紹介します。

Are you getting <u>along</u> well with your girlfriend?
（彼女とはうまくいってる？）

　get <u>along</u> with で「〜と仲良くやる」という意味です。「（時間の流れに沿って）良い（well）状態でいるか」ということですね。

■ across のコア

across の **CORE** ☀ は「**平面を横切って**」です。

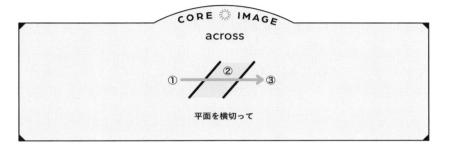

CORE ☀ IMAGE
across
平面を横切って

across の語源は「a + cross（十字）」であり、横切ったときに「十字」になるイメージをもっておきましょう。

まず、次のクイズを考えてみてください。

「彼は線路を走って横切った」と言うとき、英語ではどう表現するでしょうか？

この ⓠ の答えは、**He ran across the railroad tracks.** です。

ちなみに、"He ran across my homeroom teacher at the station." は、彼が先生のいるところを横切って走ることで、移動する2人の動作が重なって十字ができるというイメージから、「**偶然出会う**」といった意味合いが生まれ、「彼は偶然、駅で担任の先生に会った」という意味になります。

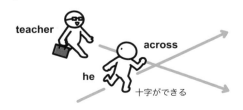

teacher
across
he
十字ができる

PART
3

across にも 3 つの捉え方があります。1 つはすでに述べたように、ran across the railroad tracks のような**移動**を示す（線路を①から③へ横切る）表現です。

そして、CORE ☀ IMAGE の②のように、「平面を横切って」という**状態**を示す場合もあります。

A lot of trees fell <u>across</u> the road because of the strong typhoon.
（巨大な台風で多くの木が道を横切るように倒れた。）

また、話者が CORE ☀ IMAGE の①の地点にいて、③について言及したいときは、次のように表現します。

The parking area is <u>across</u> the road.
（駐車場は道の向こう側にある。）

状態	視点
across the road 道を横切って	**across the road** 道の向こう側にある

across the country [nation] は「**国中**」という意味です。国の至るところを平面と見立て、それを横切るようにというイメージです。

They came from <u>across</u> the country to attend the meeting.
（その会議に出席するために彼らは国中からやって来た。）

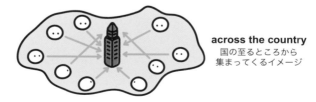

across the country
国の至るところから
集まってくるイメージ

through

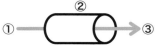

空間の中を通り抜けて

along

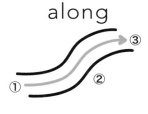

～の流れに沿って

across

平面を横切って

PART 3

through, along, across には「移動」・「状態」・「ある地点から別の地点に言及する」の 3 つの捉え方がある。

❶ through の **CORE** 「**空間の中を通り抜けて**」を意識する。

➡ 「通り抜けていく（移動）」・「通り抜けている（状態）」・「通り抜けた向こう（ある地点から別の地点）」の 3 つがある。

❷ along の **CORE** 「**～の流れに沿って**」を意識する。

➡ 「沿って行く（移動）」・「～沿いにある（状態）」・「沿ったところにある（ある地点から別の地点）」の 3 つがある。

❸ across の **CORE** 「**平面を横切って**」を意識する。

➡ 「横切っていく（移動）」・「横切っている（状態）」・「横切ったところにある（ある地点から別の地点）」の 3 つがある。

over / under

上下の関係❶ 「超えている」「超えていない」

■ over と under のイメージ比較

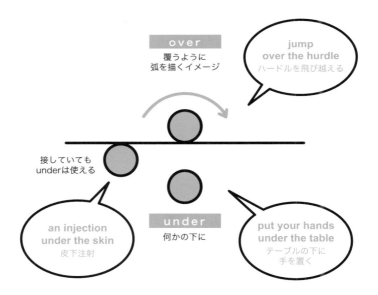

■ over は 4 つの視点で捉える

「オーバー」は日本語でもよく耳にする表現です。ですが、きちんと理解して使っている人は少ないように感じます。コアからしっかり理解を深めていきましょう。

over の **CORE** ☀ は「**対象を覆うように**」です。

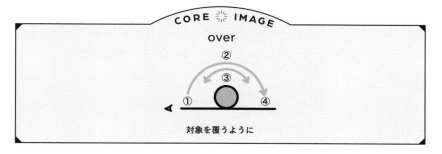

CORE ☀ IMAGE
over

対象を覆うように

対象を覆った**半円形の弧を描く**イメージをもってください。over には **CORE** ☀ **IMAGE** で示しているように、①から④の4つの視点があります。そこに注目して次の例文をみてみましょう。

① **ある対象を越える動作を示す**
The boy jumped <u>over</u> the hurdle.
（その少年はハードルを飛び越えた。）

PART 3

② **ある対象の上を移動している**
The plane flew <u>over</u> Mt. Fuji.
（飛行機は富士山の上空を飛んだ。）

③ **ある対象を覆っている状態**
She always keeps a blanket <u>over</u> her knees.
（彼女はいつも膝掛けをしている。）

④ **ある対象を越えた向こうに**
There is a small station <u>over</u> the mountain.
（山を越えた向こうに小さな駅がある。）

注意したいのは、over は越える対象が障害物であり、平面や線の場合には使うことができないという点です。④のように対象が山であれば over ですが、「道路を越えた向こうに」であれば over は使えません。道路は障害物ではなく、平面なので <u>across</u> the road とします。

■ 4 つのタイプの意味の応用編

　今まで説明してきた 4 つの視点を意識して、次の例文を見てください。①′〜④′は、①〜④の応用例と考えてください。

①′　**ある基準を超えて**
Shun looks <u>over</u> thirty.
（シュンは 30 歳を超えているように見える。）

②′　**何かの上で行為を行う**
We talked a lot <u>over</u> coffee.
（私たちは、コーヒーを飲みながらたくさん話をした。）

③′　**支配・場所・期間が全体に及んでいる**
Queen Himiko ruled <u>over</u> the Yamatai-Koku.
（卑弥呼は邪馬台国を支配した。）

④′　**困難や能力を越えた向こうに**
He finally got <u>over</u> the shock.
（彼はやっとそのショックから立ち直った。）

　④の応用として、何かを越えたところに「終わり」があります。授業の終わりに、"Today is <u>over</u>." と言うことがありますが、「授業時間を越えたところにいる→授業は終わり」という意味になりますね。

また、over を用いた慣用的な使い方として、all over には「〜中」という意味がありますが、これも③の応用です。次の例文の all over the world は、「世界全体を覆って」というイメージから、「世界中」となるのですね。

My dream is to travel all over the world.
（私の夢は世界中を旅行することだ。）

　最後に、クイズに挑戦してみましょう。

状況をイメージして、前置詞を選んでください。

❶ I got (over / around) most of the problems by taking my boss's advice.
（私の上司の助言を取り入れて問題の多くを克服した。）

❷ I got (over / around) most of the problems by not interfering in this matter deeply.
（この件には深く立ち入らないようにして問題の多くを回避した。）

　❶は「困難を乗り越えて」というニュアンスです。一方で、❷は「問題の周りをぐるぐる回る（around）状態になる（get）」ということなので、問題の本質には触れず、周りにいるだけということですね。よって、◎の答えは、❶が over、❷が around です。

■ under は over の反意語

under の **CORE** ☀ は「**何かの下に**」です。

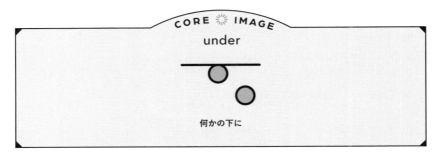

under は over の反意語ですが、on の反意語とも言えます。over の場合、対象物の上に接触していることは示しませんが、under の場合は**対象物の下に接触**していても使うことができます。次の例文では、テーブルから手を離して下に置いても、テーブルの裏に手をつけても、どちらの場合も示すことができます。

Put your hands <u>under</u> the table.
（机の下に手を置きなさい。）

under は「**ある基準の下に**」というときにも使います。年齢を表す場合、「**～歳未満で**」という意味になります。over の場合は「～歳を超えて」です。

Children <u>under</u> 18 may not enter.
（18 歳未満のお子さんは入らないでください。）

また、over 18 も under 18 も「18 を含まない」ことに注意してください。over も under も「基準より上・下」を示すのが基本なので、基準の数値は「含まない」のです。

　20 歳以上の場合は、20 or over [more / above]、20 歳以下の場合は、20 or under [less / below] と表現します。

　under は「**何かの下全体を覆って**」というイメージで、「**何かの行為・影響が及んで**」という意味に展開できます。次の例文をみてください。

The elevator is still <u>under</u> repair.
（エレベーターはまだ修理中です。）

　日本語では、「〜中」と訳されることが多く、in と間違えやすい表現です。「修理をしているという状況下」にこのエレベーターがあると理解することができますね。

　over の反意語を under と意識しておくと、これから学ぶ below との違いも、より理解しやすくなります。「反意語である」ということは、そこに何らかの「共通点がある」ということです。「共通点」を意識しながら「違い」を学んでいくことで、より理解が深まるはずです。

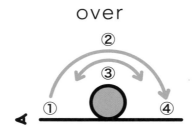

対象を覆うように

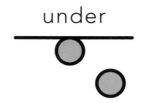

何かの下に

over と under は反意語の関係にあるので、くらべて理解しよう。

❶ over の **CORE** ☀ 「**対象を覆うように**」を意識する。

　➡対象を覆った半円形をイメージして、「越える動作」・「上の移動」・「対象を覆う状態」・「越えた向こう」という**4つの視点**で捉える。

❷ under の **CORE** ☀ 「**何かの下に**」を意識する。

　➡「基準未満」「状況下」「何かの下全体を覆って」といった意味にも展開する。

above / below

上下の関係❷　ある基準より「高い」「低い」

█ above と below のイメージ比較

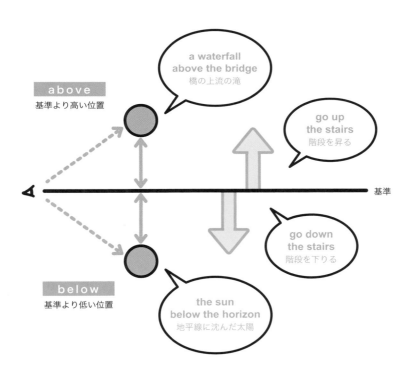

PART
3

█ above と over の違い

above と over の違いをコアから理解していきましょう。

above の **CORE** ☀ は「**ある基準よりも高い位置に**」です。

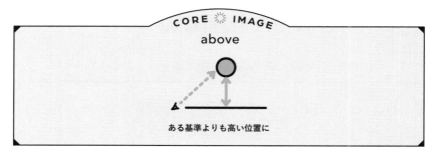

There is a waterfall <u>above</u> the bridge.
（橋の上流に滝があります。）

　これは橋の真上に滝があるわけではありません。「橋がある位置よりも高いところに」滝があることを示しているのです。

　では、ここで次のクイズに答えてみてください。

「**豪雨で、水が私の膝の上まできた**」と言うとき、（　）にあてはまる前置詞を選んでください。

The water came (over / above) my knees because of the heavy rain.

　CORE ☀ を思い出しましょう。「膝の上に」は、膝だけを覆うという意味ではなく、周りの水の高さも含めて「自分の膝（という位置の基準）よりも上に」ということです。よって、Ⓠ の答えは、**above** です。

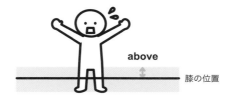

　ちなみに、「海抜 655 m」は、655 meters <u>above</u> sea level と言います。これも、「海があるところの基準よりも上に」という意味で、その基準よりも上にあるということです。

■ above の応用編

　目に見えなくても、「ある基準より上に」ということで、<u>above</u> average（平均より上の）や <u>above</u> 5 degrees（5 度を超えると）のように使うことができます。次の例をみてみましょう。

He is hard-working, diligent, and <u>above all</u> honest.

☀ **（勤勉・真面目という基準）よりも上に「誠実である」ということ**
（彼は勤勉で、真面目で、とりわけ誠実だ。）

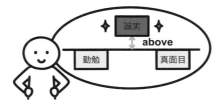

　above all は「**とりわけ**」という意味のイディオムですが、above all（things）から、「ほかのすべての基準よりも上」という意味合いだと理解できますね。
　さらに意味が展開すると、「**自分の能力やある行為の基準よりも上（基準を超えている）**」という意味合いとなり、次の例文のように、**否定的な意味**になります。

He is <u>above</u> lying.

☀ **うそをつくようなレベルの上、うそをつくという行為の基準を超えている**

（彼はうそをつくような人ではない。）

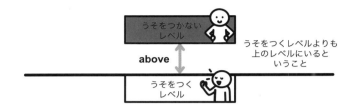

▌below と under の違い

below の **CORE** ☀ は「**ある基準よりも低い位置に**」です。

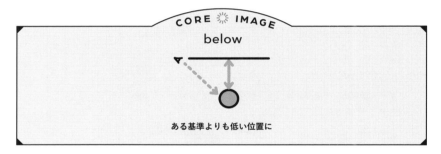

below はもともと、「be（〜にある）＋ low（低い）」であることからも、低い位置を表すことがわかりますね。

Stretch out your skirt <u>below</u> your knees.

（膝下までスカートを伸ばしなさい。）

この例では「膝」が高さの基準で「それよりも低く」ということです。では、次のクイズに答えてみてください。

「町全体が洪水で冠水してしまった」と言うとき、（　）にあてはまる前置詞を選んでください。

The whole village is (under / below) water because of the flood.

　「洪水で冠水した」という状況を考えてみてください。町全体が水に浸かって、水に覆われている感じですよね。よって、Ⓠの答えは、**under** です。below には「覆う」のイメージはなく、単に「高さが基準より下」ということを示します。

village is under water

■ below の応用編

　「基準よりも下に」の「基準」は位置だけでなく、**温度や価格・平均**などにも応用することができます。次の例文は、温度の例です。基準である five degrees（5度）よりも低いことを示し、「5 は含まない」ので注意してください。

The temperature went down <u>below</u> five degrees this morning.
（今朝の気温が 5 度を下回った。）

　「平均を下回る」は <u>below</u> average と言います。「平均」についての表現を次にまとめておきます。

平均で：<u>on</u> average

　※平均にピタッと接している感じ

平均を上回る：<u>above</u> average　※基準より上

平均を下回る：<u>below</u> average　※基準より下

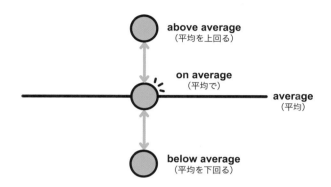

　below には次の例文のように、後ろに名詞を伴わず、副詞として用いることがあります。

For more information, see <u>below</u>.
（詳細は下記参照。）

　論文や試験問題などの指示文でよく見られる表現で、「（この記述）の下に」という意味です。see <u>above</u> であれば、反対に「上記参照」という意味になります。

　どうでしょうか。上下の位置関係についてのイメージはつかめましたか。何となく単語の意味を覚えておくだけでは使いこなせるようにはなりません。above は below との関係で、over は under との関係で、上下の位置関係を捉えることが大切です。そうすることで、above と over、below と under の違いがより鮮明になってくるはずです。

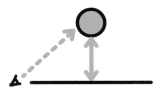

above

ある基準よりも高い位置に

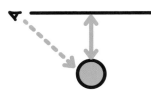

below

ある基準よりも低い位置に

PART
3

above と below は「ある基準（レベル）」を意識した上下の位置関係を示す。

❶ above の **CORE** ☀ 「**ある基準よりも高い位置に**」を意識する。

　➡否定的な意味に展開することもある。

❷ below の **CORE** ☀ 「**ある基準よりも低い位置に**」を意識する。

　➡下を覆っている状態は示さない。

up / down

上下の関係❸　上下の動き

11 12 とみてきた「上下の関係」の最後は、up と down です。日本語でも「アップダウンが激しい道」などのように、よく使いますよね。up と down は前置詞用法よりも副詞用法が一般的です。いずれも、「**上下の動きを示す**」という特徴があります。では、up からみていきましょう。

upの CORE ☀ は「**ある基準より上に**」です。

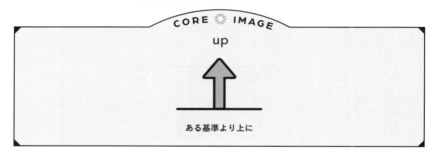

CORE ☀ IMAGE

up

ある基準より上に

「**移動**」と「**状態**」の両方を意味します。

upの基本は「**上への垂直移動**」です。下に落ちているゴミを拾い「上げる」動きをイメージして、次の例文をみてください。

The students picked up litter on the way to school.
（生徒たちは、学校までの道でゴミ拾いをした。）

pick up litter

up

「車で迎えに行く」と言うときは、pick her up（彼女を車で迎えに行く）のように使います。運転手が人を車の「上に」拾い上げる感じですね。

一方で、down の **CORE** は「**ある基準よりも下のほうに**」です。

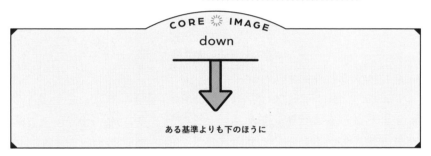

CORE IMAGE

down

ある基準よりも下のほうに

次の例文の「川下り」は、位置的に見て、川の高いところから「下流」のほうに向かうので、down で表現します。

We went <u>down</u> the river on a raft.
（私たちはいかだで川を下った。）

「体温が上がる［下がる］」「音量を上げる［下げる］」「順位が上がる［下がる］」などというように、位置以外を表す場合でも「ある基準よりも上に」というときは up を使い、「ある基準よりも下に」には down を使います。

My fever is going up［down］.
（熱が上がって［下がって］きました。）

Please turn the volume up［down］a little more.
（もう少し音量を上げて［下げて］ください。）

I went up［down］the ranking in the last trial examination.
（この前の模試で、順位が上がった［下がった］）。

　up も down も「今の状態」を基準にして、それよりも「上［下］に」ということを示していますね。
　"I'm up."（私は元気だ）や、"I'm down."（私は落ち込んでいる）のように、「**気持ちの状態**」を示すこともできます。stay up late を「遅くまで起きている」という意味で覚えた人も多いと思いますが、「体を起こしている状態（up）にとどまっている（stay）」と考えればよいわけです。

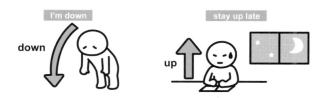

▌水平方向の移動も表現できる

　通常は下から「上に」という垂直移動を示す up ですが、水平に移動させて、「**（ある視点のあるところ）まで近づく**」というときにも使えます。

Catch up soon.

※ **視点がある相手のところに近づく**
（すぐ行くよ。）

また、up to date は「（最新の状態に設定された）日にち（date）まで近づくところ」ということから、情報などを「更新する（アップデートする）」という意味ですね。よく up-to-date とハイフンでつないで、形容詞として up-to-date data（最新データ）、up-to-date information（最新の情報）、up-to-date clothes（流行の服）のように、「最新の」「流行の」といった意味で使われます。

一方、down は「**視点のあるところから離れて**」といった状況で使います。ある人に道を聞いたとき、次のように教えてもらったとします。

Go down this street and turn right at the second corner.
（この道をずっと行って、2番目の角を右に曲がりなさい。）

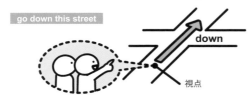

これは必ずしも下り坂であるわけではありません。では、なぜ down が使えるのでしょうか。それは、視点が「この場所」にあり、「ずっとまっすぐ行って曲がる場所」まではこの場所から「離れていく」ことになるからです。

■「出現」「仕上げ」「終了」の up

　何かが「上に」出てくれば、「**立ち現れる**」ことにつながります。この「**出現**」の意味で up が使われることがあります。

He finally turned <u>up</u> late at the meeting.
（彼はやっと、その会議に遅れて出席した。）

　「**仕上がり**」と言うときに、「上がる」という日本語を使いますが、英語でも、「**ちゃんと、しっかり、完全に**」といった仕上がりを強調する際に、up を使うことができます。

Have you written <u>up</u> the report yet?
（レポートをもう書き上げた？）

　「仕上げる」ということは、「終える」ということにつながり、"Time is <u>up</u>."（終了です）のような表現ができることも納得できますね。

■ ふらふらしていたものが落ち着く down

　「〜を書き留める」と言うときに、write <u>down</u> を使います。write だけでもよいのですが、down を使うことで、ペンなどで手を「下に」移動させて、紙に「**しっかり書き込む**」ということが強調されます。

「落ち着いて」は、"Calm down." と言いますが、ジェスチャーで、手を「下に」動かす動作で表現しますよね？　そこからもイメージできるのではないでしょうか。**「落ち着いて何かにとりかかる」**というところから、**「それに専念して」**という意味合いで、次のような表現もできます。

Let's get down to work.
（本気で仕事にとりかかろう。）

get down to work

down

腰を据えて
仕事にとりかかっている
イメージ

　活動していた up の状態から、席に着いた down の状態にして、仕事にとりかかるイメージです。この「落ち着いて」から、比喩的に「身を落ち着けて」という意味合いにも展開します。

Why don't you settle down and get married soon?
（そろそろ身を落ち着けて、結婚したら？）

　普段、何気なく使うことの多い up と down ですが、意味の展開の可能性が理解できたでしょうか。点だった知識が線につながることを経験していただけたら幸いです。

PART
3

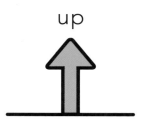

ある基準より上に

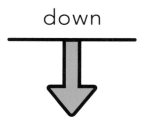

ある基準よりも下のほうに

up と down は上下関係を示す移動・状態に使うことができる。

❶ up の **CORE** ☀ 「**ある基準より上に**」を意識する。

　➡ 「視点に近づく」ことも示せる。

❷ down の **CORE** ☀ 「**ある基準よりも下のほうに**」を意識する。

　➡ 「視点から遠ざかる」ことも示せる。

コアで攻略する

英単語の教科書

PART
4

句動詞
の
コア

動詞と空間詞の「コア」を融合することで、句動詞をイメージで理解していきましょう。句動詞をマスターすれば、英語における表現力が格段に向上します。

句動詞とは？

イディオムの「丸暗記」からの解放

　英語学習者を悩ませる項目の1つに「イディオム」があります。イディオムとは、2語以上の語が組み合わされてできた成句・慣用句のことで、それぞれの語の意味を組み合わせただけでは、意味を予測できない表現のことです。

　たとえば、put は「置く」、on は「上に」とだけ覚えていると、意味を組み合わせただけでは、「上に置く」となり、なぜ put on で「～を着る」の意味になるのか理解できませんよね。

　PART 4 は、これまで学んできた PART 1 の「基本動詞」、PART 2 の「似ている動詞」、PART 3 の「前置詞」の応用編になります。動詞も前置詞（副詞）も意味の可能性がたくさんあることを学んできました。その動詞と前置詞（副詞）を組み合わせることで、意味の可能性がさらに広がるのです。ここでは、意味的に共通した機能をもつ「前置詞」や「副詞」を区別せず、「**空間詞**」と呼びます。この「**動詞＋空間詞**」の組み合わせを「**句動詞**」と呼びます。

　PART 4 では句動詞をどう理解し、どう応用させることで、表現力につなげていくことができるかを徹底的に説明していきます。PART 4 を読み終わるころには無味乾燥な「丸暗記」であった句動詞がグッと自分のモノとなり、「表現」のレパートリーに入れられるようになっているはずです。

▌句動詞とは？

句動詞とは、「**動詞＋空間詞**」からなり、1 つの動詞のように機能する動詞を含むイディオムの一種です。

ここで次の 2 つの例文の空間詞 on に注目してください。

① She got on the train. （彼女は電車に乗った。）
② She put on a hat. （彼女は帽子をかぶった。）

①は彼女が「電車に乗った（got on the train）」状態を示しています。この on は名詞 the train の前にあるので、前置詞です。

一方で、**②**はもともとの文は、"She put a hat on her head." です。つまり、彼女が「帽子を頭につける（put a hat on her head）」ということです。her head はわざわざ言わなくてもわかるので省略され、"She put a hat on." という文になります。そうなると、on は名詞の前にはありません。このときの on は前置詞ではなく副詞という役割に変わります。

「動詞＋副詞」の句動詞は、原則として、名詞を「動詞 と副詞」の間にはさむことも、後ろに置くこともできます。**②**は on が前に移動した形です。

She put a hat on her head.　←もともとの形。on は前置詞。
　　　　　名詞
　↓

She put a hat on.　←her head が常識的に明らかなので省略
　↓　　　　　　　　され、on は副詞になる。「動詞＋副詞」
　　　　　　　　　　の間に名詞 a hat をはさんでいる形。

She put on a hat.　←副詞となった on が前に移動して、
　　　　　　　　　　「動詞＋副詞」となった形。

句動詞の多くは**②**の形であることが多いのです。

❶の前置詞も❷の副詞も、文の中で空間関係を示すことに変わりはないため、本書ではこの2つを**空間詞**として解説しています。

よく使われる「空間詞」を次に挙げておきます。

about / across / around / **away** / **back** / **down** / **for** / in / **off** / **on** / **out** / over / through / **up**

▍句動詞の役割

句動詞を作る際に大きな役割を担う「空間詞」には、大きく分けると、2つの機能があります。

1つ目は、**動詞の意味をはっきりさせる**という役割です。

cut を例に説明します。cut the paper では、紙に「切り込みを入れた」だけなのか、それとも、紙を「切り離した」のか、どちらかわかりません。基本動詞の意味は「**あいまい**」なのです。

ここで、into や off といった空間詞をつけることで、「切り込み」なのか「切り離し」なのかがはっきりします。

２つ目は、**動詞だけでは表しきれない意味を伝える**という役割が
あります。たとえば、put には「〜を着る」や「〜を延期する」の
ような意味はありませんが、put on にすると「〜を着る」、put off に
すると「〜を延期する」という意味合いが生まれます。

■ 句動詞を理解する方法

　句動詞を理解するための方法には、次の **4 つの原理**があります。

> 【動詞＋空間詞】において
> ❶　空間詞の示す状態になる
> ❷　何かを空間詞の示す状態にする ［させる］
> ❸　空間詞の示す状態を保つ
> ❹　何かをして、空間詞の示す状態になる ［する］

PART 4

　この 4 つの原理を、このあとの 2 〜 5 で 1 つずつ、頻出の句動詞
を例に取りあげながら説明していきます。
　この原理をもとに、動詞のコアと空間詞のコアを組み合わせて、次
のようなコアイメージから理解を深めていきましょう。

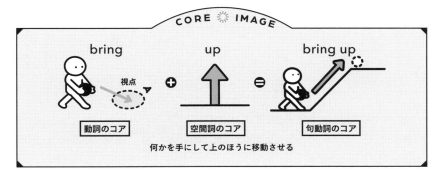

CORE IMAGE

bring ＋ up ＝ bring up

視点

動詞のコア　　空間詞のコア　　句動詞のコア

何かを手にして上のほうに移動させる

2 語の句動詞 ❶

空間詞の示す状態になる

p.265 で紹介した句動詞の 4 つの原理のうち、❶の「**空間詞の示す状態になる**」のグループに入る動詞は主に、**come, go** といった移動動詞です。まずは、次のクイズに挑戦してください。

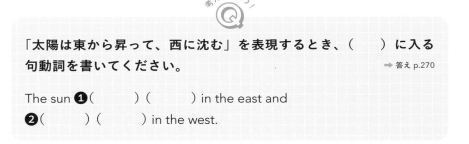

考えてみよう!

「**太陽は東から昇って、西に沈む**」を表現するとき、（　　　）に入る句動詞を書いてください。 → 答え p.270

The sun ❶（　　　）（　　　）in the east and
❷（　　　）（　　　）in the west.

いかがでしょうか。この問題を解くためには、動詞の **CORE** をきちんと踏まえて、空間詞との組み合わせの原理を理解しておくことが必要です。

では、ここからは、それぞれの空間詞を「**〜の状態になる**」の原理にあてはめて、動詞ごとに説明をしていきます。

▌UP の状態になる

up の **CORE** は「**ある基準より上に**」でした（→ p.254）から、「up の状態になる」グループの句動詞「**動詞＋up**」は「**ある基準より上の状態になる**」と考えましょう。

come up の **CORE** ※ は「**視点に近づく（上がってくる）状態になる**」です。

「（太陽・月が）昇る」「近づく」「（話題などに）のぼる」「（問題が）生じる」といった意味合いで使います。

A difficult problem has <u>come up</u>.

※ **問題が上がってくる状態になる。**

（面倒な問題が持ち上がっている。）

PART 4

The final exam is <u>coming up</u> next week.

※ **期末考査が近づいてくる状態になる。**

（期末試験は来週だ。）

go up の **CORE** ※ は「**視点から離れて上がっていく状態になる**」です。

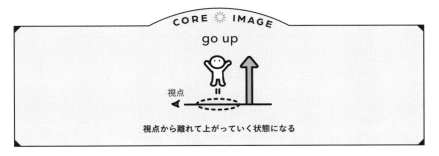

「上がっていく」「（物価が）上がる」「（体重などが）増す」「爆発する」といった意味合いで使います。

I left my camera upstairs. I'll go up and get it.

☀ **私が視点があるここから離れて、上がっていく状態になる。**

（カメラを2階に忘れてきた。行って、取ってきます。）

The price of vegetables has gone up recently.

☀ **価格が消費者の視点から離れて、上がっていく状態になる。**

（最近、野菜の値段が高騰している。）

▌DOWN の状態になる

up の反対の down をみていきましょう。down の **CORE** ☀ は「**ある基準よりも下のほうに**」でした（➡ p.255）から、「down の状態になる」グループの句動詞「**動詞＋down**」は「**ある基準よりも下の状態になる**」と考えましょう。

come down の **CORE** ☀ は「**視点に近づいて、下にある状態になる**」です。

値段や数量が下がったりする際に使います。

The price of gasoline is coming down.

☀ **値段が消費者の視点に近づいて、下にくる状態になる。**

（ガソリンの値段が下がり始めている。）

また、伝説や遺伝などが「伝わる」という状況は、「上から下に」という捉え方をして、come down を使います。

The Nakamuras' story <u>came down</u> to us from my grandmother.

☀ **話が上から下に伝わってくる状態になる。**

（中村家の話は祖母から私たちに伝えられた。）

go down の **CORE** ☀ は「**視点から離れて、下にある状態になる**」です。

CORE ☀ IMAGE
go down

視点

視点から離れて、下にある状態になる

「下に」というのは、「視点から下がってみえなくなる」という以外にも、ある期待値から離れて「（評価・価値が）下がる」「敗れる」といった意味にも展開します。

This shopping arcade has <u>gone down</u> over the past few years.

☀ **商店街が住民の視点から離れて、下にある状態になる。**

（この商店街はここ数年でさびれてきた。）

The quality of customer service has <u>gone down</u> lately.

☀ **質が顧客の視点から離れて、下に行く状態になる。**

（顧客サービスの質が最近、低下してきている。）

では、ここで冒頭のクイズに戻りましょう。

「太陽は東から昇って、西に沈む」を表現するとき、（　）にあてはまる句動詞を書いてください。

The sun ❶(　　　　)(　　　　) in the east and
❷(　　　　)(　　　　) in the west.

　「昇る」は up で、「沈む」は down であることはわかりますね。では、動詞は何を使うでしょうか。ここでも、「視点がどこにあるか」が大切です。「太陽が昇る」は「視点のあるところ（私たちのいる空間）に近づく」ので come、「沈む」は、視点のあるところから離れることになるので go を使います。つまり、Ⓠの答えは、❶ **comes up**、❷ **goes down** です。

▌IN の状態になる

　in の **CORE** は「**空間の中に**」でした（→ p.166）から、「in の状態になる」グループの句動詞「**動詞＋in**」は「**中に入る状態になる**」と考えましょう。

　come in の **CORE** は「**視点に近づいて、中に入る状態になる**」です。

CORE ※ IMAGE
come in
視点
視点に近づいて、中に入る状態になる

　「入ってくる」「流行する・始まる」といった意味になります。

May I come in?

※ **相手の視点に近づいて、中に入るようになる。**

（入ってもいいですか。）

That card game is coming in among youngsters.

※ **若者の視点に近づいて、中に入ってくる状態になる。**

（そのカードゲームは若者の間で流行っている。）

go in の CORE ※ は「**視点から離れて、中に入る状態になる**」です。

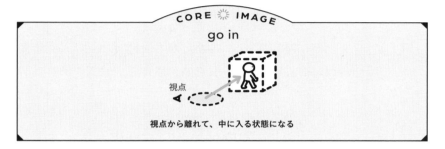

CORE ※ IMAGE

go in

視点

視点から離れて、中に入る状態になる

PART 4

「見えなくなる」ことを示し、「（太陽・月などが）雲に隠れる」「（球技などの得点時に）球が入る」といった意味でも使います。

Unfortunately, the stars went in and clouds appeared.

※ **（話者の視点から離れて雲の）中に入ってしまった状態になる**

（残念なことに、星が隠れ、雲が広がってしまった。）

■ OUT の状態になる

では、in の反意語の out をみていきます。**out** の CORE ※ は「**～から外へ**」でした（→ p.183）から、「out の状態になる」グループの句動詞「動詞＋out」は「**～から外へ出る状態になる**」と考えましょう。

come out の **CORE** は「**視点に近づいてくるように、外に出る状態になる**」です。

「（太陽・月などが）現れる」「明らかになる」「開花する」「結果が出る」といった意味も、外に出て話者の視点に近づいてくるニュアンスが出ていますね。

Turn the faucet to the left, and hot water <u>comes out</u>.

☀️ **話者の視点に近づいて、お湯が外に出てくる。**

（蛇口を左にひねれば、お湯が出てきます。）

The cherry blossoms <u>came out</u> late this year.

☀️ **話者の視点に近づいて、桜の花が外に出てくる状態になる。**

（桜の花の開花が今年は遅かった。）

go out の **CORE** は「**視点から離れるように、外に出る状態になる**」です。

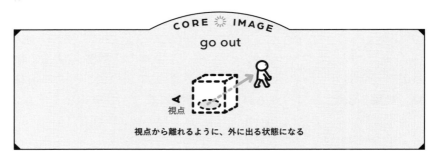

「外出する」というだけでなく、話者の視点から外に出るということで、「（火・電灯などが）消える」「（エンジンなどが）故障する」のように、マイナスの意味合いをもつことも多くなります。

My mother <u>went out</u> to a convenience store to buy some food.

☀ **話者の視点から離れて、外に出ていく。**
（母は食べ物を買いに、コンビニに出かけた。）

The lights suddenly <u>went out</u> while I was preparing for dinner.

☀ **話者の視点から離れて、光が部屋の外に出ていく状態になる。**
（夕食の支度をしていたときに、突然、明かりが消えた。）

▍ON の状態になる

　on の CORE ☀ は「**接触している**」でした（➡ p.169）から、「on の状態になる」グループの句動詞「**動詞＋on**」は「**接触する状態になる**」と考えます。

　come on の CORE ☀ は「**視点に近づいて、接する状態になる**」です。

CORE ☀ IMAGE
come on

視点

視点に近づいて、接する状態になる

　Come on! は「こっちに来て！」という意味だけでなく、場面によって色々な意味合いになる語です。たとえば、試合に負けてくよくよしている生徒に先生が次のように言ったとします。

Come on! Cheer up!

☀ **先生の視点に近づいて、接する状態になる。**

（頑張れ！　くよくよするな！）

　また、朝の起床時間になかなか起きてこない息子に母が言葉をかける場面では、次のように言うことができます。

Come on, Mike. Get up. It's almost eight!

☀ **話者である母のところに近づいてくる。**

（いい加減にしなさい、マイク。起きなさい。もう 8 時になるわよ！）

　go on の **CORE**☀は「**視点のあるところから離れて、続けるようになる状態になる**」です。

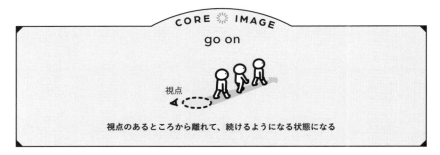

　go on a trip で「旅に出る」という意味ですね。ここでは、on を使っていることから、「旅（という行程）に接している」→「旅を続ける」というニュアンスになります。

He <u>went on</u> a trip to discover himself.

※（今ここから離れて）出て、旅を続ける状態になる。

（彼は自分探しの旅に出た。）

on は「**接触している**」という **CORE**※から、点としての**接触**が重なって、線のように**連続**することを示すこともできます。

What's <u>going on</u> here?

※話者の視点から、何かが離れ出て、続いている状態になる。

（ここで何が起こっているの？）

▌OFF の状態になる

off の **CORE**※は「**接触した状態から離れて**」でした （→ p.189） から、「off の状態になる」グループの句動詞「**動詞＋off**」は「**離れた状態になる**」と考えましょう。

come off の **CORE**※は「**あるところから離れ、視点に近づく状態になる**」です。

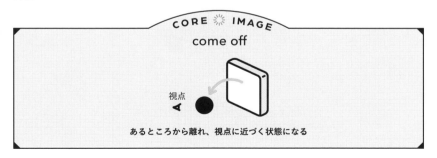

CORE ※ IMAGE

come off

視点

あるところから離れ、視点に近づく状態になる

どこかから離れて、視点のあるところに近づいてくるというイメージを応用すると、「ボタンが外れる」「（汚れ・しみなどが）落ちる」という意味への展開も納得できます。

I came off my bike on the way to school and broke my arm.

☀️ **自転車から離れてくる状態になる。**

（登校途中に自転車から転んで、腕を骨折した。）

A button on my coat came off as I was putting it on.

☀️ **ボタンがコートから離れ、自分のところに近づく状態になる。**

（着ようとしたら、コートのボタンが取れてしまった。）

　go off の **CORE** ☀️ は「**視点のあるところから離れていく状態になる**」です。

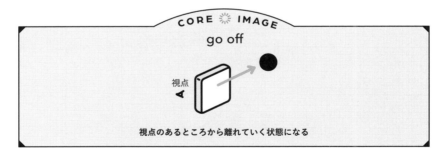

　come off とは違い、go off は、「爆発する」「（電気・ガスなどが）切れる」「興奮する」といった自分では制御できないようなマイナスの意味合いで用いることが多くなります。

The train went off the rails here.

☀️ **レールから離れていく状態になる。**

（電車はここで脱線した。）

The air conditioner goes off at 9 o'clock.

☀️ **エアコンが作動していない状態になる。**

（9時になると、エアコンは消えます。）

▌BACK の状態になる

　back の **CORE** ☀️ は、「**ある基準より後ろに**」ですから、「back の状態になる」グループの句動詞「**動詞＋back**」は「**後ろに戻る状態になる**」と考えましょう。

　come back の **CORE** ☀️ は「**視点に戻って、近づいてくる状態になる**」です。

CORE ☀️ IMAGE
come back

視点

視点に戻って、近づいてくる状態になる

　「帰ってくる」という物理的な意味合いのものから、「記憶などがよみがえってくる」といった意味にも展開していきます。

A good memory came back to me.

☀️ **良い思い出が視点のある私のところに戻ってくる状態になる。**

（良い思い出がよみがえってきた。）

He <u>came back</u> from Australia in October.

☀ **視点のあるところに戻ってくる状態になる。**

（彼はオーストラリアから10月に戻ってきた。）

go back の CORE ☀ は「**視点から離れて、戻っていく状態になる**」です。

　視点のある場所から離れて「戻る」という意味合いから、「返品する」「（ある時期まで）さかのぼる」といった話者の視点から離れて戻っていくイメージのものへ意味が展開します。

The origin of tempura <u>goes back</u> to the Heian era.

☀ **天ぷらの起源は（視点のある今から離れて）平安時代に戻っていく状態になる。**

（天ぷらのルーツは平安時代にさかのぼる。）

2 語の句動詞❷

何かを空間詞の示す状態にする［させる］

p.265 で紹介した句動詞の 4 つの原理のうち、❷の「**何かを空間詞の示す状態にする［させる］**」の意味になる動詞は bring、put、make、get などです。動詞の後ろに動作対象が入りますが、省略されることもあります。まずは、次のクイズに挑戦してみましょう。

次の下線部を表す共通の「2 語の句動詞」は何でしょうか?
→ 答え p.295

❶ 傷ついていないふりをする。

❷ 責任を彼のせいにする。

❸ 体重が増える。

❹ 水を火にかける。

日本語だけをじっと眺めていても、なかなか英語表現が出てこないのではないでしょうか。答えはあとにして、今回も 1 つずつ原理の確認をしていきましょう。

■ 何かを UP の状態にする［させる］

up の **CORE** ※ は「**ある基準より上に**」でした（→ p.254）から、「**何かを up の状態にする［させる］**」グループの句動詞「**動詞＋up**」は「**何かを上の状態にする［させる］**」と考えます。

bring up の CORE ☀ は、「**何かを手にして上のほうに移動させる**」です。

CORE ☀ IMAGE
bring up

何かを手にして上のほうに移動させる

　話題となっているところにもち出すことから「～を取りあげる」、手にして上に移動させるというイメージから「（子どもを）育てる」といった意味に展開します。

I have a topic I'd like to <u>bring up</u> in this discussion.
☀ **ある話題を手にして上のほうにもち出す。**
（この議論で取りあげたい話題があるのですが。）

After my parents' divorce, my mother <u>brought</u> me <u>up</u> alone.
☀ **私を手にして大きくする。**
（離婚の末、母は私を女手一つで育ててくれた。）

bring me up

bring
娘を手にして
大きくする

up

　受動態を使って、I was <u>brought up</u> in Okayama.（私は岡山育ちだ）のような使い方も一般的です。

put up の **CORE** ☀ は「**何かを上のほうに位置させる**」です。

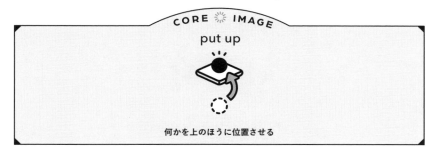

　「～を上にあげる」から、「～を掲示する」「～を吊るす」「(テントなどを) 張る」、さらに「お金を上にあげる」から「～を寄付する」といった意味に展開します。

I tried to put up my umbrella, but I couldn't.
☀ **傘を上のほうにあげておく。**
(傘を広げようとしたが、できなかった。)

PART 4

We put up at a business hotel in Kochi.
☀ **自分たちをホテルに上げて置いておく。**
(私たちは高知のビジネスホテルに泊まった。)

　put up で「泊まる」という意味があるのは意外かもしれません。この例文は、もともと put ourselves up at a business hotel (自分たちをビジネスホテルに泊める) という文で、ourselves が明らかなので省略されたものと考えると納得がいくのではないでしょうか。

make up の CORE ☀ は、「**何かに手を加えて作り上げる**」 です。

「〜を作り上げる・でっち上げる」 というところから、「（遅れ・不足などを）補う」「（追試を）受ける」「化粧をする」「仲直りをする」といった意味に展開します。

The rumor isn't true. They just <u>made</u> it <u>up</u>.

☀ **話に手を加えて、作り上げる。**

（その噂は真実ではない。彼らがでっち上げただけだよ。）

I failed the final exam, so I have to <u>make</u> it <u>up</u>.

☀ **不足分に手を加えて、作り上げる。**

（期末試験が赤点だったから、追試を受けないといけない。）

※「追試」のことを a makeup と名詞でも使います。

「何かに」の部分が明らかなときは言わずに、「手を加えて良い状態にする」と表現することもできます。

I can't go out yet. I haven't <u>made</u> <u>up</u>.

☀ **自分の顔に手を加えて、良い状態に作り上げる。**

（まだ出られないわ。化粧がまだだから。）

`make up`

Why don't you shake hands and make up?

☀ **関係に手を加えて、良い状態に作り上げる。**

（握手して仲直りしたら？）

■ 何かを DOWN の状態にする ［させる］

down の **CORE**☀ は「**ある基準よりも下のほうに**」でした（➡ p.255）から、「何かを down の状態にする ［させる］」グループの句動詞「**動詞＋down**」は「**何かを下の状態にする ［させる］**」と考えます。

bring down の **CORE**☀ は、「**何かを手にして下のほうに移動させる**」です。

PART
4

CORE ☀ IMAGE
bring down

何かを手にして下のほうに移動させる

「〜を下に降ろす」というところから、「人の気分を下にする」→「〜を落ち込ませる」といった意味にまで展開します。

Would you help me bring this big sofa down?

☀ **ソファを手にして、下に移動させる。**

（この大きいソファを降ろすのを手伝っていただけませんか。）

Her thoughtless words brought me down.

� 私を手にして、気持ちが下がった状態にさせる。

（彼女の心無い言葉で、私は落ち込んでしまった。）

put down の **CORE** � は、「**何かを下のほうに位置させる**」です。

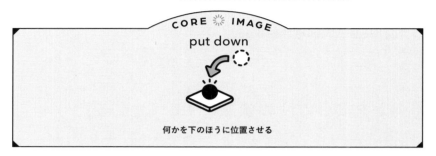

CORE � IMAGE
put down
何かを下のほうに位置させる

「〜を置く・降ろす」というところから、「（赤ちゃんなどを）寝かしつける」「（暴動などを）鎮圧する」といった意味に展開します。

It's about time to put the baby down.

🌙 赤ちゃんを下に位置させる。

（そろそろ赤ちゃんを寝かしつける時間だ。）

The police finally put down the riots.

🌙 暴動（の勢い）を下げるようにする。

（警察はやっと暴動を鎮圧した。）

やや発展的な使い方ですが、put down で「〜を書き留める」という意味合いになることがあります。

Please put down your e-mail address on this form.

（この用紙にメールアドレスを書いてください。）

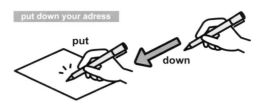

put down your adress

put

down

　「アドレスを下のほうに位置させる」というイメージが、「書き留める」という状況に応用された例といえるでしょう。

■ 何かを IN の状態にする ［させる］

　in の **CORE** ☀ は「**空間の中に**」でした（→ p.166）から「何かを in の状態にする ［させる]」グループの句動詞「**動詞＋ in**」は「**何かを中にある状態にする ［させる］**」と考えます。

　bring in の **CORE** ☀ は、「**何かを手にして中に移動させる**」です。

PART 4

CORE ☀ IMAGE
bring in

何かを手にして中に移動させる

　「〜を中に持ってくる・取り込む」から、「（収入などを）もたらす」「（制度などを）導入する」といった意味に展開します。

I asked my son to bring the laundry in before it gets dark.
☀ **洗濯物を手にして中に移動させる。**
（暗くなる前に、洗濯物を取り込むように息子にお願いした。）

New Year's sales bring in big profits.

☀ **大きな利益を手にして、中に入れる。**

（正月セールは、大きな利益が出る。）

The government brought in a new employment system.

☀ **制度を手にして、中にとり入れる。**

（政府は新たな雇用制度を導入した。）

put in の CORE ☀ は、「**何かを中に位置させる**」です。

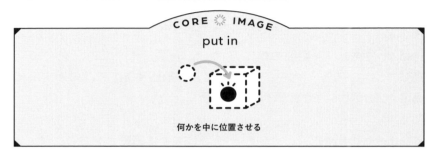

CORE ☀ IMAGE

put in

何かを中に位置させる

「〜を中に入れる・設置する」から、「（意見を）差し挟む」「（要求を）提出する・出す」といった意味に展開します。

The school has put in projectors for each classroom.

☀ **プロジェクターを教室の中に位置させる。**

（学校は各教室にプロジェクターを設置した。）

He is always putting in his unwanted opinions.

☀ **余計な意見を中に位置させる。**

（彼はいつも余計な口出しばかりする。）

I put in a claim for damages.

☀ **請求を中に位置させる。**

（私は損害賠償を請求した。）

get in の CORE ✺ は、「**中に入る状態にする［なる］**」です。

CORE ✺ IMAGE
get in

中に入る状態にする［なる］

「〜を買い込む」「〜を仕入れる」「（言葉などを）差しはさむ」といった意味に展開します。

We'd better <u>get in</u> some more food before the typhoon begins.
✺ **食料を中に入れる状態にする。**
（台風が来る前に、食料を買い込んでおいたほうがいいね。）

The discussion was so heated that I couldn't <u>get</u> a word <u>in</u>.
✺ **言葉を議論の中に入れる状態にする。**
（議論が白熱していたので、私は口をはさめなかった。）

「自らが中に入る状態になる」と、次のような使い方もできます。

The train will <u>get in</u> at around 7:30.
✺ **電車が中に入る状態になる。**
（7 時半ごろに電車が入ります。）

■ 何かを OUT の状態にする［させる］

out の CORE ✺ は「**〜から外へ**」でした（→ p.183）から、「何かを out の状態にする［させる］」グループの句動詞「**動詞＋out**」は「**何かを外にある状態にする［させる］**」と考えます。

bring out の **CORE** は、「**何かを手にして外に移動させる**」 です。

「〜を外に連れ出す・持ち出す」 というところから、「〜を世に出す」「出版する」「（才能などを）引き出す」 といった意味に展開します。

We brought our grandmother out of the nursing home.

※ 祖母を手にして、外に出す。

（私たちは祖母を施設から外へ連れ出した。）

I heard the band will bring out a new song next month.

※ 新曲を手にして、世の外に出す。

（そのバンドは新曲を来月リリースするらしい。）

put out の **CORE** は、「**何かを外に位置させる**」 です。

「〜を外に出す・追い出す」 から、「〜を発表する」「（電気・火を）消す」 といった意味に展開します。

Please put out the trash before 8 a.m. on weekdays.

※ **ゴミを外に出す。**

（平日は午前 8 時前にゴミを出してください。）

Don't forget to put out the fire before you leave here.

※ **火がついている状態を外に出す。**

（ここを出る前に火を消すことを忘れないでください。）

　turn off や turn out も「〜を消す」と言うときに使われますが、「火を消す」と言うときには使われません。turn の **CORE** ※ は「**向きを変える**」です。スイッチのように「ひねる」動作がイメージされますが、火を消すときにはそのイメージがないからです。

　make out の **CORE** ※ は、「**何かに手を加えて、外に出す**」です。

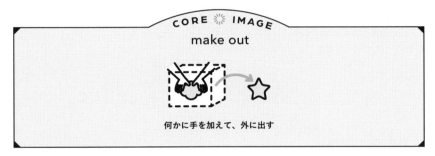

CORE ※ IMAGE
make out

何かに手を加えて、外に出す

PART
4

　「（書類などを）作成する」から、「〜を見分ける」「〜を理解する」といった意味にまで展開します。

Could you make out a receipt?

※ **紙に手を加えて、外に出す。**

（領収書を作成していただけませんか。）

I couldn't make out what he meant to say.

※ **色々と試行錯誤して、彼の意図を外に浮かび上がらせる。**

（私は彼が言おうとしたことが理解できなかった。）

get out の **CORE** は「**外にある状態にする［なる］**」です。

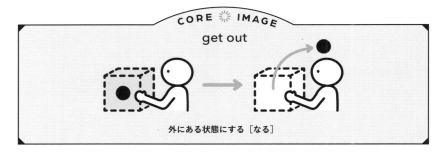

CORE **IMAGE**

get out

外にある状態にする［なる］

「外へ出る」から、「逃げる（逃がす）」「降りる（降ろす）」、さらに「（汚れなどを）落とす」「〜を取り出す」「〜を引き出す」「（情報などが）もれる」などの意味に展開します。

My mother used detergent to <u>get</u> those stains <u>out</u>.
☀ **汚れを外に出す状態にする。**
（母はそれらの汚れを落とすのに洗剤を使った。）

また、「自らが外に出る状態になる」という表現も可能です。

If our customers' personal information <u>gets out</u>, we'll be in big trouble.
☀ **情報が外に出る状態になる。**
（もし、お客様の個人情報が流出したら、大変なことになる。）

■ 何かを ON の状態にする［させる］

on の **CORE** は「**接触している**」でした（→ p.169）から、「何かを on の状態にする［させる］」グループの句動詞「**動詞＋on**」は「**何かをどこかに接する状態にする［させる］**」と考えます。

bring on の CORE ※ は、「**何かを誰か[何か]に接するようにもたら
す**」です。

CORE ※ IMAGE
bring on

何かを誰か［何か］に接するようにもたらす

　「〜を登場させる」から、「〜をもたらす」「〜を引き起こす」など
の意味に展開します。

Bring it on!
※ 相手の怒りなどを、私のいる場に接するようにもたらす。
（かかってこい！）

Her bad nutritional habits <u>brought on</u> dizziness.
※ めまいの症状を（彼女に）接するようにもたらす。
（彼女は栄養がきちんと取れていなくて、めまいが生じた。）

PART
4

　put on の CORE ※ は、「**何かを接触した状態に位置させる**」です。

CORE ※ IMAGE
put on

何かを接触した状態に位置させる

　「〜を身につける」から、「〜のふりをする」「〜のせいにする」
「（体重・スピードを）増す」「（電気器具を）つける」などに意味が
展開します。

She put her coat and gloves on so as not to be cold.

☀ **コートやマフラーを（体に）接触した状態に位置させる。**

（彼女は寒くないようにコートを着て、手袋をはめた。）

　日本語では体の部位によって、「着る」「はく」「はめる」「かける」「かぶる」などと使い分けをしますが、英語ではすべて put on です。**「何かを接する状態に位置させる」**という点ではすべて共通しています。「何かを」の部分は put の後ろに置いても、put on の後ろに置いても OK です。（上の例文は put on her coat and gloves でもよい。）「化粧をする」のも、「化粧を肌に接する状態にする」ので、put on some makeup のように使います。

He seems not to be deeply hurt, but he's just putting on.

☀ **傷ついていない状態であるように普通の状態を身につける。**

（彼は深く傷ついていないように見えるが、そのふりをしているだけだ。）

Do not put all the blame on him.

☀ **責任を彼に接するように位置させる。**

（全責任を彼に負わせてはいけない。）

Shun put on five kilograms after he went to Australia.

☀ **5キロ分を自分の体重に接するようにする。**

（シュンはオーストラリアに行ってから5キロ体重が増えた。）

I've put some water on to make soup.

☀ **水を（火に）接するように位置させる。**

（スープを作るために、水を火にかけた。）

get on の **CORE** ☀ は、「**何かに接触した状態にする ［なる］**」です。

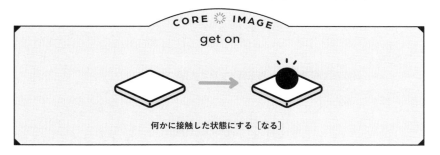

CORE ☀ IMAGE
get on

何かに接触した状態にする ［なる］

　「（電車・バスなどに）乗る」という物理的な用法から、「仲良くやっていく」「関係を続ける」といった交友関係にまで意味が展開します。

I <u>got on</u> the train at Shinjuku.

☀ **電車（の床）に（自分の足を）接触した状態にする。**

（私は新宿で電車に乗った。）

　自転車（bike）やオートバイ（motorcycle）に乗る場合も get on を使います。サドルに自分（の尻）を接触させて乗ることがイメージできますね。

　ちなみに、タクシーに乗るという場合は、地面に足をつけるというよりも、ある乗り物の「空間内に」入るイメージが強くなるので <u>get in</u> a taxi と言います。

get on the bike

on
接触

get in a taxi

in
空間の中

また、人間関係に応用されると、「仲良くやっていく」という状況でも使うことができます。

Jack and I don't get on.

☀ ジャックと私（の関係）が接触した（継続した）状態になる。

（ジャックと私は折り合いが良くない。）

さて、ここまでの説明を読んだところで、もう一度冒頭のクイズをみてみましょう。答えはわかりましたね。

次の下線部を表す共通の「2語の句動詞」では何でしょうか？

❶ 傷ついていない<u>ふり</u>をする。
❷ 責任を彼の<u>せい</u>にする。
❸ 体重が<u>増える</u>。
❹ 水を火に<u>かける</u>。

Ⓐの答えは **put on** です。日本語だけから考えていてはわかりませんが、 **CORE** ☀ をイメージすれば、共通点があることがわかったと思います。

■ 何かを OFF の状態にする［させる］

off の **CORE** は「**接触した状態から離れて**」でした（→ p.189）から、「off の状態にする［させる］」グループの句動詞「動詞＋off」は「**何かをどこかから外した状態にする［させる］**」と考えます。

put off の **CORE** は「**何かを（接触した状態から）外して、どこかに位置させる**」です。

CORE ✳ IMAGE
put off

何かを（接触した状態から）外して、どこかに位置させる

PART 4

「〜を降ろす」という物理的な用法から、「〜を延期する」「（電気・電気器具を）止める」「〜をやめる」「（注意を）そらす」「〜を不快にする」へと意味が展開します。put off は on の「接した状態」を想定して、「そこから外す」と考えることがポイントです。どういう状態にあるかによって意味が決まってきます。

Please put me off at the station.
✳ 私を（車に接した状態から）外して、駅に位置させる。
（駅で降ろしてください。）

Don't put off till tomorrow what you can do today.
✳ 今日できることを（今日やる状態から）外して、明日に位置させる。
（今日できることを明日まで延ばすな。）

「〜を延期する」という意味で put off を使うときに注意すべき点があります。たとえば、「運動会は延期されるだろう」と言うとき、日本語ではごく自然な文ですが、英語で "The athletic meet will be put off." では不完全なのです。put の **CORE** は「**何かをどこかに位置させる**」ですから、「**どこ（どの日程）に**」延期するのかを明示する必要があります。ということで、"The athletic meet will be put off until next Friday."（運動会は次の金曜に延期されるだろう）のようにするのが正しい表現です。

ところが、人間関係などに応用され、やや抽象化すると、次の例文のように「どこかに」の部分が明示されないことがあります。

Put off your silly ideas.
※（相手が身につけている）ばかげた考えを外す。
（ばかげた考えはやめなさい。）

get off の **CORE** は「**何かを離した状態にする**」です。

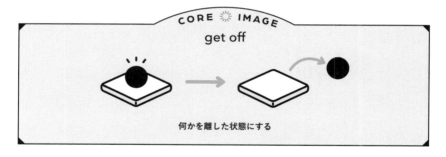

CORE ※ IMAGE
get off

何かを離した状態にする

get on の反対のイメージで、「（乗り物などから）降りる」から「〜をやめる」「（注意を）そらす」「（話題などを）変える」「（電気・電気器具を）止める」へと意味が展開します。

Watch your step when getting off.
※ 電車（の床）に（自分の足を）接触した状態を離す。
（足元に気をつけて降りてください。）

何かが連続して行われている状態を示すことができる on の反対で、**off** にすることで、連続状態から離すことを示すことができます。

To get off the topic, would it be better to discuss the plan?
☀ **話題から私たちの話を離す状態にする。**
（話題を変えますが、その計画について話し合ったほうがいいのでは？）

▍BACK の状態にする［させる］

back の CORE ☀ は、「**ある基準より後ろに**」ですから、「back の状態にする［させる］」グループの句動詞「**動詞＋back**」は「**元の状態にする［させる］**」と考えましょう。

bring back の CORE ☀ は「**何かを手にして、元のところに移動させる**」です。

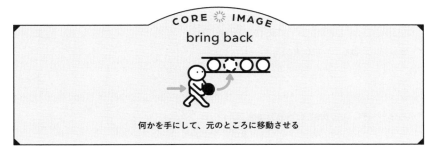

CORE ☀ IMAGE
bring back

何かを手にして、元のところに移動させる

「〜を返す・戻す」ということから、「〜を思い出させる」へと意味が展開します。あるきっかけで、忘れかけていた記憶を戻らせるといった動きがリアルに表現できます。

Please bring these books back after you have finished reading them.
☀ **本を手にして、元のところに移動させる。**
（本を読み終わったら、返却してください。）

These songs bring back memories of my school days.

🌟 学生時代の記憶を手にして、そこ（学生時代）に移動させる。

（この歌を聞くと、学生時代を思い出す。）

put back の **CORE** 🌟 は「**何かを元のところに位置させる**」です。

「（モノを元あったところに）戻す」や「（時計の針を）戻す」「〜を留年させる」といった意味へ展開します。

Put the books back where they belong.

🌟 本を元のところに位置させる。

（その本を元の場所に戻しておいてください。）

I have to put my watch back three hours after my trip to NZ.

🌟 時計（の針）を元の時間に合わせておく。

（ニュージーランドへの旅行のあと、時計を3時間戻さないといけない。）

Long absences put me back a year.

🌟 私を1年元に戻ったところに置く。

（長期欠席で、私は留年した。）

get back の **CORE** ☀ は「**何かを元のところに戻す**」です。

「後ろへ下がる」ということから、「〜を取り戻す」「〜に戻る」「〜に仕返しをする」といった意味にまで展開します。

The police ordered the tourists to <u>get back</u> from the road.

☀ **後ろに戻る状態にする。**

（警官は、観光客に道路から後ろに下がるように命じた。）

We asked the doctor if my grandmother would <u>get</u> her health <u>back</u>.

☀ **彼女の健康を元に戻す。**

（私たちは医者に、祖母が健康を取り戻せるかたずねた。）

Let's <u>get back</u> to the topic we were discussing.

☀ **自分たちの議論を元の話題に戻す。**

（議論していた話題に戻りましょう。）

I'll <u>get</u> her <u>back</u> for insulting me sometime.

☀ **私にした侮辱行為を彼女に戻す。**

（いつか、彼女が僕を侮辱した仕返しをしてやるぞ。）

PART
4

2 語の句動詞❸

空間詞の示す状態を保つ

　p.265 で紹介した句動詞の 4 つの原理のうち、❸の「**空間詞の示す状態を保つ**」の意味になる動詞は hold、keep などです。「何かを保つ」というところにポイントがあります。

　まずは次のクイズに挑戦してみましょう。

海外で、次のような標識をみかけました。何を意味するものか❶～❺から選んでください。

→ 答え p.309

❶ 一時停止
❷ 追い越し禁止
❸ 危険物持ち込み禁止
❹ 立ち入り禁止
❺ 持ち出し禁止

　いかがでしょうか。基本語の CORE をきちんと理解して、句動詞を学べば、このセクションを読み終えるころにはおのずと答えがわかるはずです。

▌UP の状態を保つ

　up の CORE は「**ある基準より上に**」でした（→ p.254）から、「up の状態を保つ」グループの句動詞「**動詞＋up**」は「**上にある状態を保つ**」と考えます。

hold up の **CORE**  は「**基準よりも上にある状態を、一時的におさえておく**」です。

「〜を持ち上げる」ということから、「〜を宙吊りにする」「（長引いて）〜を遅れさせる」という意味合いに展開します。

The winner <u>held up</u> his trophy with a lot of pleasure.
トロフィーを上に、一時的におさえておく。
（勝者は喜びでトロフィーを高く持ち上げた。）

PART
4

The policeman <u>held up</u> traffic to let the ambulance through.
交通（している車）を一時的に宙吊りにしておく。
（警官は交通を止め、救急車を通した。）

holdup という名詞形もあり、「遅延・交通渋滞」「強盗・強奪」といった意味があるのも、ここから理解できますね。

「一時的に宙吊りにしておく」イメージが受動態の形になると、「一時的に宙吊りにされる」となり、次のような使い方があります。

I was <u>held up</u> in traffic.
（交通の場面で）宙吊りにされる。
（渋滞で立ち往生してしまった。）

Sorry I'm late. I was <u>held up</u> at work.

※ **仕事に宙吊りにされる。**

（遅れて、すみません。仕事が長引いてしまって。）

ほかにも、「**基準よりも上にある状態を、一時的におさえておく**」という **CORE** ※ から、「何かが一時的に上にある状態を保っている」と展開できます。この場合の up は「良い状態」を示します。

I hope the weather will <u>hold up</u> tomorrow.

※ **天気が一時的に良い状態に保たれる。**

（明日、天候がもてばいいのだけど。）

keep up の **CORE** ※ は「**基準よりも上にある状態を保つ**」です。

up は「良いほうへ」や「良い状態に」という意味に使われることが多く、「〜を良い状態に保つ」「〜を続ける」などに意味が展開します。

He made an effort to keep up his English after he returned to Japan.

☀ **（自分のレベルが）上にある状態を保つ。**

（彼は帰国後も、英語の力を落とさないように努力した。）

It takes a lot of money to keep up this building.

☀ **このビルが良い状態であるのを保つ。**

（このビルを維持するのに多大な費用がかかっている。）

※「（家などの）維持費」を the upkeep と言う。

▌DOWN の状態を保つ

down の **CORE** ☀ は「**ある基準よりも下のほうに**」でした（→ p.255）から、「down の状態を保つ」場合の句動詞「**動詞＋down**」は「**下にある（低い）状態を保つ**」と考えます。

hold down の **CORE** ☀ は、「**基準よりも低い状態を、一時的におさえておく**」です。

CORE ☀ IMAGE
hold down

基準よりも低い状態を、一時的におさえておく

「～を下げる・低くする」から、「～をおさえつける」「（価格などを）おさえつけておく」「（仕事などを）続ける」へと意味が展開します。

Watch your head. Hold it down.

☀ **頭を低い状態に、一時的におさえておく。**

（頭上注意。頭を低くしてください。）

It took three men to hold the suspect down.

☀ 容疑者が出てこないように、下に一時的におさえておく。

（容疑者をおさえるのに 3 人必要だった。）

The recession is holding down prices.

☀ 物価を低い状態に、一時的におさえておく。

（不況の影響で物価の上昇がおさえられている。）

She can't hold down a job for more than six months.

☀ 仕事を落ち着いた状態に、一時的におさえておく。

（彼女は 1 つの仕事を 6 か月以上は続けられない。）

keep down の CORE ☀ は「**基準よりも下に下がった状態を保つ**」です。

　「下げたままにしておく」から、「（音量などを）落とす」「（怒りな
どを）おさえる」などへと意味が展開します。

Keep your head down in case of earthquakes.

☀ 頭を下げる状態を保つ。

（地震の際には頭を下げるようにしなさい。）

This is a library. You should keep your voice down.

☀ 声（の音量）を下がった状態に保つ。

（ここは図書館なので、話すときの声を落とすように。）

▍IN の状態を保つ

in の **CORE** ※ は「**空間の中に**」でした（→ p.166）から、「in の状態を保つ」グループの句動詞「**動詞＋in**」は「**中にある状態を保つ**」と考えます。

hold in の **CORE** ※ は「**何かを（外に出ないように）一時的におさえておく**」です。

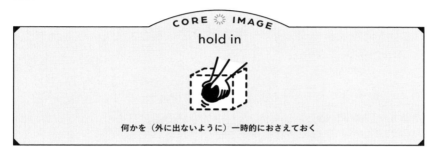

CORE ※ IMAGE
hold in

何かを（外に出ないように）一時的におさえておく

PART 4

「〜を引き留めておく」から、「（感情などを）おさえる」などへと意味が展開します。

Mr. Nakamura held him in after school for an interview.
※ 彼が外に出ないように一時的に（学校の中に）留めておく。
（中村先生は放課後、彼を面談で残した。）

「感情」は心の中にあるものと捉え、hold in は「感情を一時的におさえておく」という意味合いでよく使われます。

I'm so happy that I can't hold it in any longer.
※ 感情が表に出ないように一時的におさえておく。
（もう秘密にしておくことができないくらいうれしい。）

keep in の CORE ☀ は「**空間内にある状態を［に］保つ**」です。

CORE ☀ IMAGE
keep in

空間内にある状態を［に］保つ

「〜を中に入れておく」「〜を入院させておく」「〜を蓄えておく」といった意味になります。

The doctor <u>kept</u> my grandmother <u>in</u> the hospital for a while.

☀ **病院内にいる状態を保つ。**

（医師は祖母をしばらくの間、入院させた。）

We can <u>keep in</u> a bottle of wine in this restaurant.

☀ **ワインボトルを（店の）中にある状態に保つ。**

（このレストランでは、ワインを置いておける。）

▌OUT の状態を保つ

out の CORE ☀ は「**〜から外へ**」でした（➡ p.183）から、「out の状態を保つ」グループの句動詞「**動詞＋out**」は「**外にある状態を保つ**」と考えます。

hold out の **CORE** ※ は、「**外に出した状態を一時的におさえておく**」です。

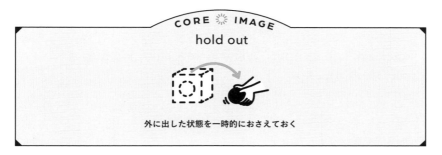

CORE ※ IMAGE

hold out

外に出した状態を一時的におさえておく

「（手を）差し出す」という具体的な用法から、「（希望・可能性を）抱かせる」「（食糧・燃料・お金などが）もちこたえる」といった意味にまで展開していきます。

He <u>held out</u> his hands to welcome me.

※ **両手を外に出す状態を一時的にしておく。**

（彼は両手を広げて、私を迎えた。）

Our food and water will <u>hold out</u> until next week.

※ **食料や水を外に出る状態を一時的におさえておく。**

（食糧と水は来週まではもつだろう。）

PART 4

keep out の **CORE** ※ は「**外にある状態を保つ**」です。

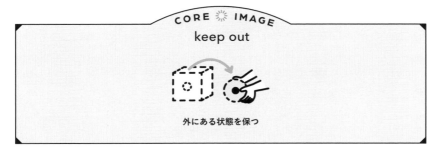

CORE ※ IMAGE

keep out

外にある状態を保つ

「〜を中に入れない・閉め出す」から、「〜を取っておく」などへと意味が展開します。命令文で使うと、「中に入るな・立ち入り禁止」といった意味合いでも使うことができます。

I'll be back late tonight. Will you keep the dinner out?

☀ 夕食を外にある状態に保つ。

（今夜は帰宅が遅くなりそう。夕食を取っておいてくれない？）

"Danger. Keep out."

☀ 外にいる状態を保つ。

（危険。立ち入り禁止。）

さりげなく冒頭の の答えを入れていたことに気づきましたか。ではここで、 に戻って確認をしましょう。

海外で、次のような標識をみかけました。何を意味するものか❶〜❺から選んでください。

❶ 一時停止
❷ 追い越し禁止
❸ 危険物持ち込み禁止
❹ 立ち入り禁止
❺ 持ち出し禁止

 の答えは、❹「立ち入り禁止」ですね。

■ON の状態を保つ

on の **CORE** は「**接触している**」でした（→ p.169）から、「on の状態を保つ」グループの句動詞「**動詞＋on**」は「**接触した状態を保つ**」と考えます。

hold on の **CORE** は、「**接触した状態を一時的におさえておく**」です。

CORE ※ IMAGE
hold on

接触した状態を一時的におさえておく

PART
4

「何かにしがみつく」から、「（電話などを）切らないでおく・ちょっと待つ」、「（危機を）耐え抜く」といった意味に展開します。

Hold on tight! The road is very rough.
※ **車に接した状態を一時的におさえておく。**
（しっかりつかまっていろよ。道路はすごくでこぼこだからな。）

Hold on a minute. I'll just check it.
※ **電話につながっている状態を一時的におさえておく。**
（ちょっと待ってて。確認してみるから。）

Unfortunately, the patient can only hold on another day or two.
※ **患者の命がつながれている状態を一時的におさえておく。**
（残念ですが、患者の命はもっても、1日か2日でしょう。）

keep on の CORE ☀ は「**接した状態を［に］保つ**」です。

CORE ☀ IMAGE
keep on

接した状態を［に］保つ

「〜を身につけたままでいる」「（電気などを）つけたままにしておく」「（やっていることを）〜し続ける」といった意味に展開します。

May I keep my coat on? I feel very cold.

☀ **コートを身につけた状態を保つ。**

（コートを着たままでもいいですか。とても寒いので。）

This is a high-security area. Keep the lights on.

☀ **電気をつけた状態を保つ。**

（ここは警戒を強化しているところだから、電気をつけたままにしておいて。）

上の例文は、put on my coat なら「コートを身につける動作」、turn on the lights なら「電気をつける動作」を表しますが、keep on を使うといずれも、「**〜の状態を保つ**」という意味合いになり、ある状態がそのまま保たれるよう意識を向けているニュアンスがあります。

keep on は keep on doing の形でよく使われます。「接した状態」は「何かが続いている状態」というように考え、「続いている状態を保つ」と考えてください。

It's important for you to keep on trying.

☀ **挑戦している状態を保つ。**

（君が挑戦し続けることが大切なんだ。）

▌OFF の状態を保つ

off の CORE ※ は「接触した状態から離れて」でした（→ p.189）から、「off の状態を保つ」グループの句動詞「動詞＋off」は「何かから離れた状態を保つ」と考えます。

hold off の CORE ※ は「何かから離れた状態に、一時的におさえておく」です。

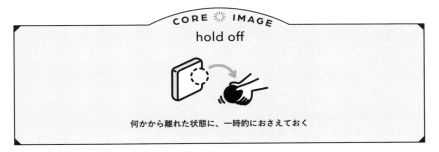

CORE ※ IMAGE
hold off

何かから離れた状態に、一時的におさえておく

PART 4

「〜を近寄らせない」から、「〜を遅らせる」といった意味にまで展開します。

We must <u>hold off</u> the enemy advance.
※ 敵から離れた状態を、一時的におさえておく。
（私たちは敵の前進を食い止めなければならない。）

I couldn't help <u>holding off</u> my departure because of the accident.
※ 出発という行為を（予定時間から）離れた状態に、一時的におさえておく。
（事故で出発時間を遅らせざるを得なかった。）

keep off の **CORE** ☀ は「離れた状態を保つ」です。

CORE ☀ IMAGE
keep off

離れた状態を保つ

　「(場所に)立ち入らないでいる」から「〜を控える」「〜を消しておく」などへと意味が展開します。

Keep off the grass.*
☀ **芝生から離れた状態を保つ。**
(芝生に入るべからず。) *公園の標識でよく見かける表現

Keep your hands off.
☀ **手が何かから離れた状態を保つ。**
(手を触れないように。)

The doctor advised me to keep off high-calorie food for a while.
☀ **高カロリーな食事から離れた状態を保つ。**
(医師は私に高カロリーの食べ物をしばらく控えるように忠告した。)

　「電気を消す」は turn off ですが、これは「消す」という**動作**を示します。**「消えている状態」**を示すには keep がピッタリです。

Keep the lights off while you are away.
☀ **明かりが消えている状態を保つ。**
(いないときは明かりを消しておきなさい。)

▌BACK の状態を保つ

back の **CORE** は、「**ある基準より後ろに**」ですから、「back の状態を保つ」グループの句動詞「**動詞＋back**」は「**何かが前に出ない状態を保つ**」と考えます。

hold back の **CORE** は「**何かを前に出ないように、一時的におさえておく**」です。

CORE ☀ IMAGE
hold back

何かを前に出ないように、一時的におさえておく

「〜を引き留める」から、「（感情などを）おさえる・控える・隠す」といった意味にまで展開します。

The firemen held her back because of the danger to her life.
☀ 彼女を前に出ないように、一時的におさえておく。
（命の危険があったので、消防士は彼女を引き留めた。）

She managed to hold her anger back.
☀ 怒りの感情が前に出ないように、一時的におさえておく。
（彼女は何とか怒りをおさえた。）

Don't hold anything back. I want you to tell me the truth.
☀ 言葉を前に出さないように、一時的におさえておく。
（何も隠さないで。本当のことを言ってほしいの。）

keep back の **CORE** ☼ は「**何かが後ろに下がった状態を［に］保つ**」です。

「後ろに下がっている」から、「（風・災害などを）防ぐ・食い止める」といった意味に展開します。

Keep back behind the line.
☼ **その線から後ろに下がった状態を保つ。**
（その線から下がっていてください。）

They built the bank to keep back the flood waters.
☼ **水が後ろに下がった状態を保つ。**
（洪水を防ぐために、堤防を建設した。）

2語の句動詞❹

何かをして、空間詞の示す状態になる［する］

p.265で紹介した句動詞の4つの原理のうち、❹の「**何かをして、空間詞の示す状態になる［する］**」のグループになる動詞はtake、give、break などです。「ある動作を行い、空間詞で示される状態になる［する］」という「動作」と「結果」を示す表現です。まずは次のクイズを考えてみましょう。

「コンタクトレンズをはめる」は "put in contact lenses" です。では、「コンタクトレンズを外す」と言う場合にはどう表現するか、
（　　　）にあてはまる句動詞を答えてください。　　→答え p.325

（　　　）（　　　　　）contact lenses

put in の反対なので、put out でしょうか？　この Q の答えは何かを意識しながら、5 を読み進めていきましょう。

■ 何かをして、UP の状態になる［する］

up の CORE ※ は「**ある基準より上に**」でした（→ p.254）から、「何かをして、up の状態になる［する］」グループの句動詞「**動詞＋up**」は、「**何かをして、上げる状態になる［する］**」と考えます。

take up の **CORE** は「**何かを手にして取り上げる**」です。

「〜をもち上げる」「〜の丈を詰める」といった物理的な用法から、「(時間などを) 取る」「(議題に) 取り上げる」へと意味が展開します。

She <u>took up</u> her skirt a little bit.

スカートを手にして、上にあげる。

(彼女はスカートを少し短くした。)

I'm sorry to have <u>taken up</u> your precious time.

私が相手の時間を手にして、取り上げる。

(貴重なお時間をいただき、申し訳ありません。)

We have to <u>take up</u> this issue today.

問題を手にして、(議題として) 取り上げる。

(今日はこの問題を取り上げなければならない。)

give up の **CORE** ❋ は、「**何かを出して、上のほうに上げる**」です。

　「〜を差し出す」「（席などを）譲る」から、「あきらめる」「（習慣などを）やめる」「（時間などを）割く」などへと意味が展開します。

The lady gave up her seat to an elderly person.
❋ 席を差し出して、上げる。
（その女性は年配の人に席を譲った。）

Never give up!
❋（可能性などを）出して、上に放り上げる。
（決してあきらめるな。）

I gave up drinking this month.
❋（酒を飲む行為を）出して、上に放り上げる。
（今月は禁酒した。）

He gave up his holidays for the club.
❋ 休日の時間を出して、放り上げる。
（彼は部活に休日を割いた。）

break up の **CORE** ☀ は「**何かをコワシて、断片が飛び散る**」です。

「〜を砕く・バラバラにする［になる］」から、「〜をやめさせる・解散させる［する］」へと意味が展開します。

The toy was <u>broken up</u> into small parts.
☀ **おもちゃがコワれて、断片が飛び散る。**
（そのおもちゃは小さな部品に分解された。）

「飛び散る」というイメージを応用すると、「まとまっていたものがバラされる」というイメージになり、次のような言い方ができます。

Our teacher came in and <u>broke up</u> the fight.
☀ **喧嘩している状況をコワシて、バラす。**
（先生が割って入ってきて、喧嘩をやめさせた。）

■ 何かをして、DOWN の状態になる［する］

down の **CORE** ※ は「**ある基準よりも下のほうに**」でした（→ p.255）から、「何かをして、down の状態になる［する］」グループの句動詞「**動詞＋down**」は、「**何かをして、下げる状態になる［する］**」と考えます。

take down の **CORE** ※ は「**何かを手にして、下のほうに移動させる**」です。

CORE ※ IMAGE
take down

何かを手にして、下のほうに移動させる

PART
4

「～を下ろす」から、「（飾りなどを）外す」「（テントなどを）たたむ」「～を破壊する」といった意味に展開します。

Take down your trousers.
※ **ズボンを手にして、下のほうに移動させる。**
（ズボンを下ろしてください。）

The teacher made the students take down all the posters on the wall.
※ **ポスターを手にして、下のほうに移動させる。**
（先生は生徒に壁に貼ってあるポスターを全部はがさせた。）

break down の CORE ※ は「**何かをコワシて、下の状態にする**」です。

CORE ※ IMAGE
break down

何かをコワシて、下の状態にする

「〜をたたき壊す」から、「（情報などを）分ける・〜を分解する」「故障する」などへと意味が展開します。

The police finally <u>broke down</u> the door and went in.
※ ドアをコワシて、ドアが下に落ちる。
（ついに警察はドアをたたき壊して、中に突入した。）

The teacher <u>broke down</u> the passage into several units.
※ 文章をバラして、分ける。
（先生はその文章をいくつかの節に分けた。）

「何かをコワシて」の部分は、「自分がコワレて」ということに応用され、次のような使い方も可能です。

The car <u>broke down</u> on the way to my office.
※ 車がコワレて、（機能が）下の状態になる。
（仕事に行く途中、車が故障した。）

■ 何かをして、IN の状態になる ［する］

　in の **CORE** は「**空間の中に**」でした（→ p.166）から、「何かをして、inの状態になる ［する］」グループの句動詞「**動詞＋in**」は、「**何かをして、中に入る状態になる ［する］**」と考えます。

　take in の **CORE** は「**何かを手にして、中に取りこむ**」です。

CORE ☀ IMAGE
take in

何かを手にして、中に取りこむ

PART 4

　「〜を中に取りこむ」から「〜をだます」「〜を泊める・理解する」などへと意味が展開します。

It looks like rain. I'd better take in the washing.
☀ **洗濯物を手にして、（家の）中に取りこむ。**
（雨が降りそうだ。洗濯物を取りこんだほうがよさそうだね。）

My grandmother was taken in by a con artist.
☀ **祖母を手にして、（詐欺師の）中に取りこむ。**
（祖母は詐欺師にだまされてしまった。）　※この意味では通常、受動態の形で用いる

It took a long time to take in what she said.
☀ **言ったことを手にして、（自分の）中に取りこむ。**
（彼女が言ったことを理解するのに多くの時間がかかった。）

take in what she said

take

in

頭の中に
彼女が言った言葉を
取り入れようとする

give in の CORE ✳ は、「①自分のところから何かを出して、相手の中に入れる／②自分が出て、相手の中に入る」です。

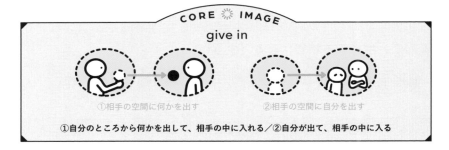

　このように、give in には 2 通りの考え方があります。
　①の場合は「相手の空間に何かを出す」という考え方になり、「～を提出する・～を手渡す」といった意味に展開します。

Students have to give in a research paper every week.
✳ 生徒が自分のところからレポートを出して、（提出箱などの）中に入れる。
（生徒は毎週、研究レポートを提出しなければいけない。）

　②の場合は「相手の空間に自分を出す」という考え方になり、「屈服する・降参する・～に負ける」といった意味に展開します。

I don't think I can solve the problem. I will give in.
✳ 自分が出て、相手の中に入る。
（その問題は解けなさそうです。私の負けです。）

break in の CORE ☀ は「**何かをコワシて、中に入る状態にする**」です。

CORE ☀ IMAGE
break in

何かをコワシて、中に入る状態にする

「（強盗などが）押し入る」といった物理的な用法から、「口をはさむ」「（靴を）履き慣らす」といった意味にまで応用されます。

Burglars broke in and stole money from the safe.
☀ **（窓・ドアなどを）コワシて、中に入る。**
（強盗が侵入して、金庫から金を盗んだ。）

PART 4

Sorry to break in on your conversation, but I have one thing to tell you right now.
☀ **（話の流れを）コワシて、中に入っていく。**
（お話し中すみませんが、すぐにお伝えしなければならないことがあります。）

「靴を履き慣らす」と言いたいときに、すぐに動詞が思いつく人は少ないかもしれませんが、これも break in で表現できます。ここでの in は「馴染んでいる状態にある」ことを示しています。

You need to break in your new shoes before you go hiking.
☀ **（新しく、足に馴染まない硬い）靴の形状をコワシて、馴染んだ状態にする。**
（ハイキングに行くまでに、新しいシューズを履き慣らしたほうがいいよ。）

■ 何かをして、OUT の状態になる［する］

out の CORE ※ は「〜から外へ」でした（→ p.183）から、「何かをして、out の状態になる［する］」グループの句動詞「**動詞＋out**」は、「**何かをして、外にある状態になる［する］**」です。

take out の CORE ※ は、「**何かを手にして、外に出す**」です。

「〜を取り出す・テイクアウトする」から、「〜を抜く・取り除く」「落とす」「（お金を）下ろす」といった意味に展開します。
「テイクアウト」という言い方は日本でも定着していますが、海外でもお店に行くとよく使われる表現です。

For here or to go? — To take out, please.

※ **頼んだものを手にして、外に持ち出す。**
（こちらで召し上がりますか、それともお持ち帰りですか。 — 持ち帰りでお願いします。）

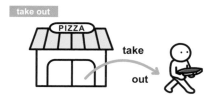

Take out the garbage before you leave home.

※ **ゴミを手にして、（家の）外に出す。**
（出かける前に、ゴミを出していってね。）

I had a wisdom tooth <u>taken out</u> yesterday.

※ 歯を手にして、（口の）外に出す。

（私は昨日、親知らずを抜いてもらった。）

Would it be possible to <u>take out</u> this stain from my shirt?

※ シミを手にして、（シャツの）外に出す。

（シャツからこのシミを取ることは可能ですか。）

Just a moment, I want to <u>take out</u> some money.

※ お金を手にして、（銀行の）外に出す。

（ちょっと待って、お金を下ろしてきます。）

では、ここで冒頭のクイズに戻りましょう。

「コンタクトレンズをはめる」は "put in contact lenses" です。では、
「コンタクトレンズを外す」と言う場合にはどう表現するか、（　）
にあてはまる句動詞を答えてください。

（　　　）（　　　　）contact lenses

PART 4

　「コンタクトレンズをはめる」は「目の中に位置させる」というこ
とで、put in ですが、「外す」場合は「目の外に出す」ということで、
「手にする」という動作が加わるため、take を用い、「中から外への
動作」なので、out を使います（in の対義語は out）。off は「接触（on）
からの分離」なのでここでは適しませんね。つまり、Ⓠ の答えは、
take out です。

give out の **CORE** ✳ は、「**①自分のところから何かを外に出す／②自らを外に出す**」です。

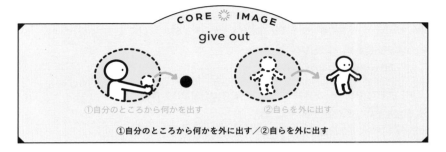

CORE ✳ IMAGE
give out

①自分のところから何かを出す　②自らを外に出す

①自分のところから何かを外に出す／②自らを外に出す

　①の場合は「〜を配布する」「（気体や熱などを）発する」や、「〜を公表する・発表する」という意味合いとなります。

I give out leaflets at the station as a part-time job.
✳ **自分のところからビラを外に出す。**
（私は駅でビラ配りのバイトをしている。）

I can tell you what happened, but I can't give out any names.
✳ **自分のところから名前を外に出す。**
（何が起こったかは言えますが、名前を公表することはできません。）

　②の場合は「（蓄えが）尽きる・底をつく」や「（エンジンなどが）作動しなくなる・力が尽きる」といった意味に展開します。

Emergency supplies are beginning to give out.
✳ **物資が外に出尽くしてしまう。**
（緊急支援物資が底を尽き始めている。）

After the long road race, my legs gave out.
✳ **足の調子が外に出尽くしてしまう。**
（長距離走の後、足は疲れて動かなくなった。）

break out の CORE ✳ は、「**何かをコワシて、外に出る状態にする**」です。

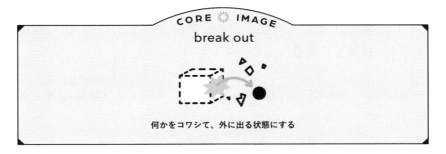

CORE ✳ IMAGE
break out

何かをコワシて、外に出る状態にする

　「～を壊して開ける・～を壊して取り外す・脱走する」から、静寂をコワシて「（火事・戦争などが）勃発する」「（伝染病などが）急に発生する」といった意味に展開します。

Let's break out the champagne! It's time to celebrate.
✳ **シャンパンの栓をコワシて、外に出す。**
（シャンパンを開けよう！　お祝いしなきゃ。）

Three convicts broke out of prison yesterday.
✳ **刑務所（のドアなど）をコワシて、外に出る。**
（昨日、3人の囚人が刑務所から脱走した。）

The Pacific War broke out in 1941.
✳ **平和な状態をコワシて、（戦争が）外に出る。**
（太平洋戦争は1941年に始まった。）

　break out は火事の発生や戦争の勃発のみならず、伝染病の発生などにも使います。「**何かをコワシて、外に出る状態にする**」という CORE ✳ IMAGE から、「**急に**」や「**予期しないところで**」といったニュアンスが出ます。

■ 何かをして、ON の状態になる ［する］

on の CORE ☀ は「**接触している**」でした（→ p.169）から、「何かをして、on の状態になる ［する］」場合の句動詞「**動詞＋on**」は、「**何かをして、接触する状態になる ［する］**」と考えます。

take on の CORE ☀ は、「**何かを手にして、接触する状態になる ［する］**」です。

CORE ☀ IMAGE
take on
何かを手にして、接触する状態になる ［する］

「〜を引き受ける」から、「〜を雇う・〜を採用する」「〜を帯びる」へと意味が展開します。

I will take on that job.
☀ **仕事を手にして、自分に接する状態になる。**
（私はその仕事を引き受けます。）

The company needs to take on three more employees.
☀ **3 人のスタッフを手にして、会社に接する状態にする。**
（会社はもう 3 人のスタッフを雇う必要がある。）

Even the same words take on different meanings among different people.
☀ **言葉が異なった意味を手にして、その言葉に接するようになる。**
（同じ言葉であっても、人によって、違った意味をもつことがある。）

■ 何かをして、OFF の状態になる ［する］

off の **CORE** ✺ は「**接触した状態から離れて**」でした（➡ p.189）から、「何かをして、off の状態になる ［する］」グループの句動詞「**動詞＋off**」は、「**何かをして、離れた状態になる ［する］**」と考えます。

take off の **CORE** ✺ は、「**何かを手にして、離れた状態になる ［する］**」です。

CORE ✺ IMAGE
take off

何かを手にして離れた状態になる ［する］

「～を脱ぐ」「～を取り外す」から、「（体重を）減らす」「～を割り引く」「休みを取る」「離陸する」「うまく事が進む」へと多様に意味が展開します。何かを「着る」「身につける」の put on の逆で、「脱ぐ」と言うときには、take off を使います。

Take off your scarf and coat in the classroom.
✺ **マフラーやコートを手にして、（体から）離れた状態にする。**
（教室ではマフラーとコートを脱ぎなさい。）

put on
put **on**

take off
take
off

「**何かを手にして、離れた状態になる[する]**」というところから、「価格を割引する」や「休暇を取る」などのときにも使えます。

I'm going to take three days off with pay.
※ **3日間を手にして、（仕事をしている状態から）離す。**
（私は3日間の有休を取る予定です。）

The owner took 1,000 yen off the price as a discount.
※ **1,000円を手にして、元の価格から離す。**
（オーナーは1,000円割引してくれた。）

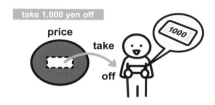

　最後に、少し応用編です。飛行機が「離陸する」と言うときに take off を使います。

This plane will take off in ten minutes.
（当機はあと10分で離陸いたします。）

　「何から off するか」が明示されていませんが、状況から明らかだからあえて言わないのです。「**飛行機が自分の機体（の車輪）を手にして、（地面から）離れる状態になる**」とイメージしてみましょう。

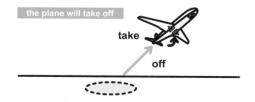

give off の **CORE** ☀ は「**何かを自分のところから出して、離れさせる**」です。

CORE ☀ IMAGE

give off

何かを自分のところから出して、離れさせる

「(におい・気体・熱などを)発する」から、比喩的に「(様子・態度を)出す」という状況でも使うことができます。

The rotten milk <u>gave off</u> an awful smell.

☀ **自分のところにあった（そこに留まっていた）においを出して、離れさせる。**

(その腐った牛乳はひどいにおいを発した。)

She <u>gave off</u> an air of importance.

☀ **彼女の偉そうな雰囲気を自分のところから出して、離れさせる。**

(彼女は偉そうな感じだった。)

PART
4

break off の **CORE** ※ は、「**何かをコワシて、分離した状態になる［する］**」です。

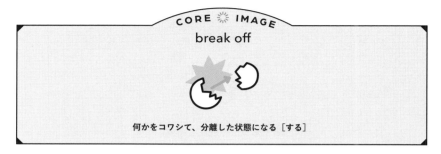

CORE ※ IMAGE
break off

何かをコワシて、分離した状態になる［する］

「（枝などを）折って取る」という具体的な用法から、「〜を切りあげる・（途中で）やめる」「（関係を）断ち切る」などへと意味が展開します。

The strong wind broke off a tree limb.
※ 木の大枝が折れて、木から離れる状態になる。
（強風で木の大枝が折れてしまった。）

I'm going to break off my work early and go for a drink today.
※ 仕事を続けている状態をコワシて、仕事から離れる状態になる。
（今日は早めに仕事を切りあげて、飲みに行くよ。）

Why did you break off your relationship with him?
※ 彼との関係をコワシて、離れた状態になる。
（なぜ、彼との関係を切ってしまったの？）

■ 何かをして、BACK の状態になる［する］

back の CORE ☀ は、「**ある基準より後ろに**」ですから、「何かをして、back の状態になる［する］」グループの句動詞「**動詞＋back**」は「**何かをして、元の状態になる［する］**」と考えます。

take back の CORE ☀ は、「**何かを手にして、元の状態に戻す**」です。

CORE ☀ IMAGE
take back

何かを手にして、元の状態に戻す

「〜を戻す・返す・送り届ける」から、「〜を撤回する」などへと意味が展開します。

PART 4

Are you ready to leave? I'll <u>take</u> you <u>back</u>. I have a car today.
☀ あなたを手にして、元の場所（家）まで戻す。
（準備は大丈夫？　送っていってあげるよ。今日は車だから。）

I'm sorry. I <u>take back</u> what I just said.
☀ 発言を手にして、元の状態（発言の前の状態）に戻す。
（すみません。前言を撤回します。）

give back の **CORE** ☼ は「**自分のところから何かを出して、元の状態に戻す**」です。

「〜を返す・戻す」から「（健康・希望などを）回復させる」などへと意味が展開します。

I'll give the book back to you tomorrow.
☼ **自分のところから本を出して、元の状態（相手）に戻す。**
（明日、本を君に返すよ。）

少し応用編ですが、「何かが人をある状況に戻す」という場面で使うこともできます。

A good night's sleep gave me back a lot of my strength.
☼ **睡眠で、私に体力がある状態に戻す。**
（よく寝たおかげで、体力はだいぶ回復した。）

3 語の句動詞

3 語になるにはワケがある

これまでは、put up や come up など、「動詞＋空間詞」の 2 語からなる句動詞をみてきましたが、ここからは、put up with や look up to など動詞に空間詞（副詞・前置詞）が 2 つ結合して、「**動詞＋副詞＋前置詞**」の形からなる句動詞をみていくことにします。この 3 語からなる句動詞を「**3 語句動詞**」と呼ぶことにします。

■3 語句動詞の理解の仕方

3 語句動詞を理解するために必要な 4 つの原理を紹介しておきます。

3 語句動詞【動詞＋副詞＋前置詞〜】において
❶ 前置詞〜 の状態で、 動詞＋副詞 する［になる］
❷ 前置詞〜 の状態を、 動詞＋副詞 する
❸ 動詞＋副詞 して、 前置詞〜 の状態になる［する］
❹ 動詞＋副詞＋前置詞〜 の状態になる

動詞と 2 つの空間詞の **CORE** ☀ を合わせて、❶〜❹ のどれかの原理にあてはめるという方法で理解していきます。では、1 つずつみていきましょう。

■❶ 前置詞〜 の状態で、 動詞＋副詞 する［になる］

　前置詞のカタマリが、動詞のカタマリを修飾していると考えて、次の例文をみていきましょう。

Are you getting along with your girlfriend?

☀ **彼女とともにある状態で、寄り添う。**

（あなたは彼女とうまくやっているの？）

She came down with flu last week.

☀ **インフルエンザとともにある状態で、彼女の調子が下がる。**

（彼女は先週、インフルエンザにかかった。）

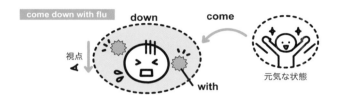

You must stand up for your rights.

☀ **あなたの権利を指している状態で、立ち上がる。**

（あなたは自分の権利を守らなければならない。）

A lot of students look up to their homeroom teacher.

☀ **担任の先生に向き合う状態で、見上げる。**

（たくさんの生徒が自分たちの担任の先生を尊敬している。）

　どうですか。3語句動詞の使い方について少しずつわかってきたでしょうか。

では、ここで次のクイズを考えてみましょう。

次の英文はネイティブスピーカーには違和感があるようです。どこに違和感を覚えるのでしょうか？

❶ That important man looks up to everyone he meets.

❷ Look up to the child. Talk to him, he is smart, right?

句動詞に注目してみましょう。**look up to** の **CORE** は「**誰かに向き合うような状態で見上げる**」です。❶は「その地位の高い人は、彼が会うどんな人にも敬意を払っている」ということです。「彼が会うほとんどの人」よりも、彼の地位は「高い」わけです。「地位の高い人」が「彼よりも地位の低い人」を見上げることはイメージと合わないですね。そのため、ここでは looks up to のかわりに respects を使うのが自然です。

❷も同様に考えてください。「賢い子がいて、その子にも敬意を払いなさい」ということですが、やはり、子どもという対象は大人からみれば「下」であるので up を使うことはイメージしにくいのです。ここでも、Look up to を Respect にするのが適当です。この例からも、look up to ＝ respect ではなく、両者には違いがあり、空間的なイメージを伴う句動詞を使う理由があるということです。

よって、⑥の答えは「**look up to に違和感を覚える**」です。

make up for は「〜の埋め合わせをする・〜を取り戻す」という熟語として暗記してきた人も多いと思います。ですがよく考えてみましょう。make up だけでは「作り上げる」という意味しか表しきれませんが、「何を作り上げるか」という具体的な説明を for 以下でしていると考え、次の例文をみてください。

We must make up for lost time.

遅れた時間を指さす状態で、（遅れた時間の分を）作り上げる。
（私たちは遅れた時間を取り戻さなくてはならない。）

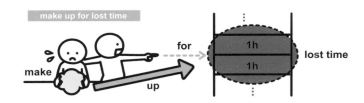

　come up with も同様に考えてください。come up だけでは「浮上してくる」というだけですが、その具体的な内容を with 以下で示すことで、全体としての意味が作られていきます。

I came up with a good idea.

いい考えを伴った状態で、（私が）浮上してくる。
（良い考えを思いついた。）

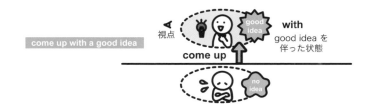

■❷前置詞～ の状態を、 動詞＋副詞 する

　ここから、3語句動詞の4つの原理（ → p.335）の2つ目を紹介します。まずは例文をみてみましょう。

We must do away with all discrimination.
（私たちはあらゆる差別をなくさなければならない。）

　do away with で「～を廃止する・なくす」といった意味です。ですが、なぜ反対の意味の「一緒に」を表す with が使われているのでしょうか。これを解決するには、3語句動詞の原理を理解しておくことが大切です。p.335の❷の原理は、❶とは違い、**前置詞のカタマリを、目的語として扱う**ことがポイントです。構造を示すと次のようになります。

V（動）　　　　→　　　　O（目的語）
do away [with all discrimination]
［あらゆる差別とともにある状態]を、離す。 → 差別をなくす

　つまり、「～とともにある状態をコワス」ということから、with ～ の前置詞句が do away の目的語の役割を担っていると考えれば、理解できますね。ほかの類例を紹介しておきます。

V（動）　　　　→　　　　O（目的語）
I broke up [with my girlfriend] yesterday.
☼［彼女とともにある状態］を、コワス。 → 彼女と別れる
（私は昨日、彼女と別れた。）

V（動）　　　　→　　　　O（目的語）
I can't keep up [with the latest fashions].
☼［最近のファッションとともにある状態］を、保つ。 → 遅れずについていく
（私は最近の流行についていけない。）

PART
4

ちなみに、「〜に追いつく」という意味の **catch up with** (➡ p.342) とは捉え方が少し違うので注意してください。

　最後にやや難しい例を紹介しておきます。**put up with** は「〜とともにある状態を持ち上げておく」ということから、「いやなものを（へこたれずに）持ちあげる」というニュアンスが出てきます。

V(動)　　　　→　　O(目的語)
I can't <u>put up</u> [with your behavior] any longer.

※ ［君の態度ととともにある状態］を、上（見えないところ）に位置させる。

　→　いやなものを持ちあげておく → 〜に耐える・我慢する

（君の態度にはもう耐えられない。）

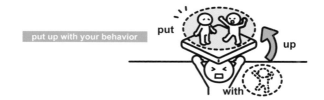

put up with your behavior

■ ❸ 動詞＋副詞 して、前置詞～ の状態になる［する］

3 語句動詞の 4 つの原理 (→ p.335) の 3 つ目はまず、「動詞＋副詞 で示された行為を行い」、結果として「前置詞～ で示された状態になる」というものです。次の例文をみてください。

Let's go on to the next page.

☀ ページを開くことを続けて、次のページに向き合う状態になる。

（次のページに進みましょう。）

まず、「go on（続ける）して」、「to the next page（次のページに向き合う状態）になる」というように理解することができます。ここから、「次に進む」といった意味になることがわかりますね。ほかの例文もみてみましょう。

Let's get down to work.

☀ 地に足をつけて、仕事に向き合う状態になる。

（さあ、本気で仕事に取りかかろう。）

May I come in? ― Come on in!

☀ 私に接するように来て、中に入る状態になる。

（入ってもいいですか。―どうぞ、いらっしゃい。）

come in だと単に「入って」の意味ですが、「**接触している**」というコアをもつ on を入れて **come on in** とすることで、「遠慮しないで入って」といったニュアンスになります。

PART
4

Go ahead. I'll catch up with you soon.

相手をとらえて、相手とともにいる状態になる。

（先に行っていてください。すぐに追いつきますから。）

catch の **CORE** は「**動いているものをパッとつかまえる**」ということでしたね（→ p.143）。**catch up with** は「動いている相手をとらえ」て、その結果「一緒にいる状態になる」という意味合いで、動きと変化を感じる表現です。一方 **keep up with** の場合は、相手とは最初から一緒にいて、「〜とともにある状態を保つ」ということなのでイメージが異なります（→ p.339）。

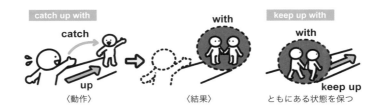

catch up with
catch
up
〈動作〉

with
〈結果〉

keep up with
with
keep up
ともにある状態を保つ

■ ❹ 動詞＋副詞＋前置詞〜 の状態になる

　3 語句動詞の 4 つの原理（→ p.335）の4つ目は、動詞の後ろの 2 つの空間詞の関係が強く、1 つの句のように扱うと理解しやすいパターンです。into や upon などは聞いたことがあるでしょうか。これらはもともと、in と to、up と on という空間詞が結合してできたものです。こうして考えていくと、空間詞どうしの関係性が強いものがあるというのも納得がいきますね。

　このパターンで理解すると有効なものに、**動詞＋away from** と **動詞＋out of** があります。

　away の **CORE** は「**ある点から離れて**」で、from の **CORE** は「**起点**」です。この 2 つはとても相性が良く away from で「離れる起点」を示し、**動詞＋away from** で「**〜から離れた状態になる**」となります。

PART 4

You can't get away from reality.
※ **現実から離れた状態に、なる。　→　〜から逃れる**
（現実からは逃れられない。）

　この構文では用いる動詞によって、意味のニュアンスを調整することができます。keep であれば、「維持する」というニュアンスが付加され、away from と結合すると、「**〜から離れた状態を維持する**」ということになり、「**〜をしない**」といった意味合いが出てきます。

Keep away from eating *ramen* soup. It's high in calories.
※ **〜から離れた状態を、維持する。　→　〜を避ける**
（ラーメンのスープを飲み干すのはやめておきなさい。高カロリーだから。）

out の **CORE** ☀ は「〜から外へ」で、「外に出る」動きを示すことができます。その「出るところ」を示すために、of が使われ、**動詞＋out of** で、**「〜から外に出る状態になる」**となります。

Long skirts <u>went</u> <u>out of</u> fashion long ago.

☀ **流行から外に、出る状態になる。→ はやらなくなる**

（ロングスカートは、ずいぶん前にはやらなくなった。）

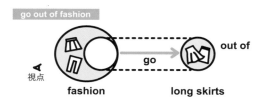

　流行が廃れていることを「**視点のあるところから離れていく**」というコアをもつ go を使って表していますね。

　ここまでで、全4パートが終わりになります。最後まで読んでくださり、本当にありがとうございました。
　コアを知れば、丸暗記の学習から解放されます。英単語のみならず、英文法・英熟語など、これまでみなさんが学んできた英語にまつわる謎を解くカギは「コア」にあります。本書を通して、少しでも「なるほど、そうか！」という感動を感じてもらうことができたら、著者としてこれ以上の喜びはありません。ここで学んだことを活かし、本物の表現英語の世界に飛び込みましょう。

コア一覧

ここまで勉強してきた英単語のコアを一覧にまとめました。イラストからコアイメージを定着させていきましょう。

動 詞

CORE ✺ IMAGE

前 置 詞

田 中 茂 範
TANAKA SHIGENORI

慶應義塾大学名誉教授。PEN言語教育サービス代表。コロンビア大学大学院博士課程修了。NHK教育テレビで「新感覚☆キーワードで英会話」(2006年)、「新感覚☆わかる使える英文法」(2007年)の講師を務める。JICAで海外派遣される専門家に対しての英語研修のアドバイザーを長年担当。『ランク順 入試英単語2300』『ランク順 入試英熟語1100』(Gakken)『表現英文法』(コスモピア)ほか著書多数。

コアで攻略する
英単語の教科書
PRODUCTION
STAFF

執筆協力
中村俊佑

イラストレーション
関谷由香理

ブックデザイン
新井大輔(装幀新井)

編集協力
渡辺泰葉
日本アイアール株式会社

校正
佐藤玲子　半田智穂

英文校閲
Christopher Clyne

企画編集
髙橋龍之助(Gakken)

組版
株式会社四国写研

印刷
株式会社リーブルテック